Dedicado a:

_____

_____

_____

_____

_____

Para: _____

_De:_ _____

Fecha: _____

JVH
PUBLICATIONS

JOSE ZAPICO

INCREMENTANDO mi FE

Nuestra Visión

Alcanzar las naciones llevando la autenticidad de la revelación de la Palabra de Dios, para incrementar la fe y el conocimiento de todos aquellos que lo anhelan fervientemente; esto, por medio de libros y materiales de audio y DVD

Publicado por
JVH Publications
11836 Miramar Pwky
Miramar, Fl. 33025
Derechos reservados

© 2022 JVH Publications (Spanish edition)
Primera Edición 2022
© 2022 Jose Zapico ©
Todos los derechos reservados.
ISBN 1-59900-162-4

Diseño de la portada e interior: Esteban Zapico y Lidia Zapico
Imágenes e ilustraciones: Usadas con permiso de Shutterstock.com.
Impreso en USA (Printed in USA)
Categoría: Vida Cristiana

CAPITULOS

INTRODUCCIÓN

¿Por Qué Se Necesita Incrementar la Fe?

Sencillamente al tener un aumento de la fe, más beneficios de parte de Dios que es el origen de ella se obtiene. Recuerda que, a través de la fe, se alcanzan los sueños más imposibles, porque sencillamente por medio de esta, se abre la puerta del corazón de Dios, para obtener resultados sorprendentes.

La fe movió cosas inconmovibles cuando nadie creía que se podía en el pasado hacer, de la misma manera en el presente es importante y necesaria obtenerla. La fe es más que una esperanza, es más que un simple deseo, es tocar y recibir lo que emana de Dios y bajo su perfecta voluntad alcanzar las promesas. Porque el creador es el único que tiene el acceso de conceder al hombre lo que para sí mismo le es imposible.

Los que la experimentaron desarrollaron un nivel de fe y fueron muy beneficiados, por el contrario, los que no la tuvieron quedaron nulos en ese aspecto. Ella es útil e importante para todo lo que se quiere lograr; pero la fe es más que una simple esperanza, ella sale y es parte de Dios. Sin dudar en esto, la fe es un regalo de Dios que, por su gran misericordia, les conceda a algunos.

Ella no proviene de los sentimientos del corazón o de la mente del humano -la fe es divina-, a diferencia de los deseos, o los anhelos que surgen del corazón. Los deseos vienen llanamente de la concupiscencia del hombre natural, que son apetitos desordenado de placeres deshonestos, que germinan de un corazón que no ha sido regenerado, que hoy están ardiendo, y mañana se disuelve como las nubes del cielo. Estos deseos, vienen del esfuerzo propio que satisface temporalmente, en muchos lo que se deseó con tanta pasión más tarde se aborrece, logrando dejar un vacío en el alma, sin traer alegría ni satisfacción personal.

¿Qué es realmente la fe? la fe es un regalo de Dios, porque ella está conectada a Él mismo como lo es el amor, la sabiduría, la inteligencia divina, siendo parte de todo esto como su esencia misma. La fe alcanza a lo que no se percibe visiblemente en el momento, más bien aquello que es espiritual y que solo le pertenece a Dios para darlo. La fe no es simplemente decir lo que se anhela, va más allá; es recibir lo que Dios quiere dar.

Es importante recordarte que el leer este libro te ayudará no solamente a entender lo que es fe, si no recibir el conocimiento según la revelación de la Palabra, para poder incrementarla y recibir todos los beneficios que Él tiene preparados para ti, porque sin fe es imposible agradar a Dios.

Pastora Lidia Zapico

1
¿QUÉ ES LA FE?

Uno de los mejores capítulos en toda la Biblia acerca de la fe, se encuentra, en *Hebreos 11*. Todo estudio profundo sobre la fe debería incluir esta carta y analizar el ejemplo que nos dieron estos hombres y mujeres de fe. *"Por ella, (la fe) alcanzaron un buen testimonio los antiguos". Hebreos 11:2*

De acuerdo con Pablo, lo más importante que en la tierra permanecen son: *"La fe, la esperanza y el amor, estos tres; pero el mayor de ellos es el amor." 1 Corintios 13:13*

Creo definitivamente que los tres son importantes en esta vida. Sin la esperanza en la eternidad, no tendríamos razón por la cual vivir. Sin amor no podríamos experimentar la naturaleza de Dios en nosotros. Las tres son vitales para el cristiano porque sin la fe, es imposible alcanzar las promesas dadas por Él a cada uno de nosotros. *Es, pues, la fe la certeza de lo que se espera, la convicción de lo que no se ve. Hebreos 11:1*

Una de las grandes diferencias entre la fe y la esperanza está en el tiempo verbal. La esperanza está generalmente relacionada con el futuro, mientras que la fe está relacionada con el presente. A veces oímos decir: "alguien está dando un paso de fe en una nueva aventura". Generalmente quieren decir que no saben lo que va a pasar o que es lo que el futuro deparará para ellos. Sólo sienten el impulso de hacer algo nuevo y lo hacen. El tipo de fe definida en *Hebreos 11:1* no opera de esta manera, porque la fe verdadera en Dios, tiene substancia en su misma Palabra. Cuando una persona se lanza en esta clase de fe, se estará parando sobre la roca sólida.

La substancia de la fe está basada en la inalterable Palabra de Dios.

Podemos tener esperanza por algo durante muchos años; mientras que continuemos esperanzados eso estará simplemente fuera de nuestro alcance. Por otro lado, hay muchas cosas que podemos traer a nuestras vidas por medio de ella, por ejemplo: la salvación es una cosa buena por la cual tener esperanza. Pero si queremos ser salvos, tenemos que ponerle substancia a nuestra esperanza y recibir a Cristo por fe, en este mismo momento. Aunque no haya evidencia física de nuestra fe, tenemos suficientes *evidencias* que son las *pruebas verdaderas* en la Palabra de Dios. La evidencia de lo que creemos esta basada en ella, la fe es hacer manifiesta la certeza de algo, una vez manifestada, se verá en obras palpables.

Es demostrarlo haciendo las obras de la fe.

Dios es un testigo, por eso se necesitan dos o tres testigos para darle evidencia certera a un asunto, y el Hijo testifica que el Padre es verdadero. Él nunca miente. Si tomamos a Dios por su Palabra, esa Palabra va a pasar la prueba porque es verdadera en sí misma, sí y amén.

¿Cómo Se Adquiere Fe?

La mejor manera de obtener fe es oyendo la Palabra que Él nos comunica. *Así que la fe es por el oír, y el oír por la Palabra de Dios. Romanos 10:17*

Es importante que no solo la escuchemos con nuestros oídos, sino que también la recibamos con nuestro corazón. El oír la Palabra de Dios en nuestros corazones se requiere mente abierta y hambre por el mensaje que escuchamos.

- Sugiero que leas la Biblia en voz alta, particularmente el Nuevo Testamento.
- Aplica las Escrituras para ti mismo.
- Ponte tu nombre donde el mensaje sea personal.
- Haz una lista de las promesas que la Palabra de Dios tiene para ti.
- Por fe, cree, recibe, confesándola diariamente.

La fe crecerá en ti, a medida que lees y oyes continuamente las Sagradas Escrituras.

¿Quién Puede Tener Fe?

Dios nos ha dado una medida de fe a cada uno, esto es, a los que creen, dice en *Romanos 12:3*, ***"Conforme a la medida de fe que Dios repartió a cada uno."*** Pablo está escribiendo a los cristianos en Roma, diciendo que solo Él puede dar la fe que necesitan para ser salvos. *Porque por gracia sois salvos por medio de la fe; y esto no de vosotros, pues es don de Dios. Efesios 2:8*

Evidentemente, cualquier persona que escucha la Palabra de Dios y la recibe puede ejercitar la fe. Eso incluye a todos aquellos que oirán y obedecerán la

Palabra. La gente que no oye o que no la obedece no tienen la clase de fe que le agrada solo a Él. La fe requiere el oír y el obedecer. *Y para que seamos librados de hombres perversos y malos; porque no es de todos la fe. 2 Tesalonicenses 3:2*

La Fe Actúa de Acuerdo con la Palabra de Dios

Si solo el Señor ha puesto una mesa delante de nosotros llena de abundantes bendiciones. Naturalmente hablando, (si alguien pone una mesa llena de comida delante de nosotros sabemos qué hacer con ella). Ha sido puesta para que nos sirvamos y nos llenemos de sus bendiciones. Probablemente hay más en la cocina si vaciamos las ollas. Sabemos que todos los que están a la mesa tienen los mismos derechos y privilegios de recibir su porción en cada plato.

Ahora, La Palabra de Dios es lo mismo, porque solo Él ha hecho amplia provisión para cada uno de nosotros para suplir todas las necesidades en cada vida. Él te promete una provisión llena y abundante. Depende de ti si la pides y la tomas. Solo te habla diciendo que anhela que simplemente le creas a su Palabra y que tomes lo que ha sido puesto delante de ti. Nunca se ofenderá si tomamos todo lo que necesitas. Cualquier huésped se sentiría disgustado si descubre que uno de sus invitados no tuvo suficiente, Él quiere que todos estén satisfechos.

Lo que recibes de Él va a venir como resultado de alcanzar y reclamar activamente sus promesas.

Dios es ciertamente el Creador Todopoderoso, más Él ha escogido servir una mesa para todos los que crean y esperan.

La Fe No es un Sentimiento

A veces la gente basa sus experiencias espirituales en sentimientos y emociones. Los problemas surgen cuando los sentimientos y emociones cambian, no han sido arraigados en la Palabra de Dios, la duda se levantará sobre la experiencia, si ha sido genuina o no. Para que la fe sea consistente, debe estar basada en algo con más estabilidad que tus sentimientos. Tu fe debe de estar basada en Jesús. *Puestos los ojos en Jesús, el autor y consumador de la fe, el cual por el gozo puesto delante de él sufrió la cruz, menospreciando el oprobio, y se sentó a la diestra del trono de Dios. Hebreos 12:2*

Ninguna persona es salva porque se siente salva, es salva porque ha creído en el unigénito Hijo de Dios. *El que en él cree, no es condenado; pero el que no cree, ya ha sido condenado, porque no ha creído en el nombre del unigénito Hijo de Dios. Juan 3:18*

Muchas veces los seres humanos buscan protegerse de sus temores por medio de las cosas que tienen o que hacen; dependen de sus acciones, su inteligencia o habilidades naturales, su dinero o posesiones. Sin embargo, solamente Jesucristo puede salvarte de lo que realmente estas temiendo. Cuando crees en Él, estas reconociendo que no eres capaz de adquirir la salvación por tus propios méritos o esfuerzos y le pides que haga su obra en ti. El que no cree es aquel que rechaza a Jesús. *Mas a todos los que le recibieron, a los que creen en su nombre, les dio potestad de ser hechos hijos de Dios; los cuales no son engendrados de sangre, ni de voluntad de carne, ni de voluntad de varón, sino de Dios. Juan 1:12-13*

¡Los sentimientos son influenciados por lo que ves, lo que lees, y lo que oyes, pero el que tiene puesta su fe en Jesús puede sentirse muy bien hoy, cansada mañana, y sola la próxima semana, pero ¡Aleluya! la Palabra de Dios va a decir lo mismo ayer, hoy, y siempre. *Hebreos 13:8.*

Las cosas que no son consistentes con la Palabra de Dios serán expuestas. Si estas cosas controlan tus sentimientos y tus sentimientos intentan controlar tu fe, puedes ser cristiano y todavía estar controlado por las artimañas del enemigo. Tu fe debe estar controlada por la Palabra de Dios, no por lo que sientas, ni por lo que aparentan las circunstancias, ni menos por lo que otros te dicen.

Todos los que reciben a Jesucristo como Señor de sus vidas nacen de nuevo espiritualmente y Dios les da nueva vida. Mediante la fe en Cristo, este nacer de nuevo, te cambia desde adentro y transforma tus actitudes, deseos y motivos. Recuerda siempre que este comienzo en la vida está disponible a todos los que creen en Él. *"Porque andamos por fe, y no por vista" 2 Corintios 5:7*

Tus ojos, oídos, corazón y boca deben estar a tono con la Palabra de Dios. *No mirando nosotros a las cosas que se ven, sino las que no se ven; pues las cosas que se ven son temporales, pero las que no se ven son eternas. 2 Corintios 4:18*

En esto debe estar basada tu fe, en las cosas eternas, no en las pasajeras de esta vida, las eternas son lo que tus ojos físicos no perciben, pero en los ojos de la fe, las puedes ver y creer. *Puestos los ojos en Jesús, el autor y consumador de la fe, el cual por el gozo puesto delante de él sufrió la cruz, menospreciando el oprobio, y se sentó a la diestra del trono de Dios. Hebreos 12:2*

¿Crees esto? Recíbelo hoy como tu Señor y Salvador Personal. Repite esta oración con fe: Señor Jesús yo te recibo hoy como mi único y suficiente Salvador personal, creo que eres Dios que moriste en la cruz por mis pecados y que resucitaste al tercer día Me arrepiento, soy pecador. Perdóname, Señor. Gracias doy al Padre por enviar al Hijo a morir en mi lugar. Gracias Jesús por salvar mi alma hoy. En Cristo Jesús mi Salvador, Amén.

2
CÓMO MANTENER LA FE EN MEDIO DE LA TORMENTA

Y entrando él en la barca, sus discípulos le siguieron. Y he aquí que se levantó en el mar, una tempestad tan grande que las olas cubrían la barca; pero él dormía. Y vinieron sus discípulos y le despertaron, diciendo: ¡Señor, Sálvanos, que perecemos! Él les dijo: ¿Por qué teméis, hombres de poca fe? Mateo 8.23-26

Considera y piensa en esto: si a los hombres que estuvieron caminando con Jesús y viéndolo cuando Él hacía milagros, Jesús con frecuencia les llamaba: **"hombres de poca fe"** ¿qué podríamos esperar que dijera de los *"hombres del tiempo presente"*?

Es evidente que muchos de los creyentes de este siglo han creído sin ver por fe, *y este principio es precisamente lo que marca la diferencia*. Sin embargo hoy se debe de reconocer que hay mucha menos fe en Jesucristo como Salvador.

Dios te ha llamado a creer, a vivir por fe, a tener abundante amor y buenas obras.

Meditando en *Mateo 8:23* con referencia a las palabras de Jesús, ***¿Por qué teméis, hombres de poca fe?*** tienes que observar el profundo significado que revelan estas palabras para nuestros días. Como navegantes experimentados, eran conscientes del peligro presente, lo que no sabían era que Cristo tenía dominio sobre las fuerzas de la naturaleza.

¿Qué es lo que Jesús esperaba de sus discípulos? ¿qué es lo que Jesús espera de ti? En primer lugar, es "tomar acción de tu fe" también es "descansar como Él lo hacía". Ellos estaban en el proceso de aprender a caminar por fe. En ese día Jesús le iba a enseñar a tomar autoridad. Él esperaba que sus discípulos aprendieran hacer lo mismo cuando en un futuro estuvieran en medio de su propios problemas tormentosos. Y es "reprender las tormentas en su Nombre". Es evidente que a pesar de que los discípulos habían sido testigos de muchos milagros, la tormenta causó que se dejaran llevar por el pánico. Eso no debe suceder en ti, porque ahora ya sabes qué decisión tomar

A menudo puedes enfrentar tormentas de la vida en la que te parece que Dios no puede o no quiere intervenir. Sin embargo, cuando realmente comprendes quién es Él por medio de la fe, te darás cuenta de que solo su autoridad domina tanto las tormentas de la naturaleza como las tormentas del corazón atribulado. El poder de Jesús que calmó esta tormenta también puede ayudarte a lidiar con los problemas que enfrentes.

Jesús está dispuesto ayudarte si tan solo se lo pides. Nunca debe subestimar su poder, especialmente en las pruebas más difíciles

Es de entender que **"fe"** significa: confianza, creer, certeza y seguridad. Todos estos son los componentes de la fe y si falla alguno, se debilita la fe; es como si se rompiera un eslabón, uno tiene que dar el primer paso de creer, pero necesitas más, como por ejemplo poder tener una profunda convicción para responder a la siguiente pregunta: ¿Cómo mantener la fe, aun en medio de la tormenta? en la crisis, en medio del problema, de la enfermedad, o teniendo duda.

Lo primero que necesitas es conocer y profundizar acerca de la fe, al igual que profundizar el carácter de Dios y su Palabra. Eso te ayudará a entender quién es tu verdadero enemigo, saber cómo y donde actúa, de manera que, conociendo sus estrategias y ataques sutiles, puedas combatirlo con la espada de Dios. Ya debes de saber que ella representa, la verdad de la Palabra de Dios junto con su Espíritu poderoso.

El enemigo, padre de mentira y de engaño, está siempre atento y listo para atacar, tentar, confundir y destruir, siendo el terreno más apetecible donde ataca, tu propia mente. Es importante discernir, que la mente es un verdadero campo de batalla, donde el enemigo está luchando por conservar y recuperar ese terreno que antes le pertenecía, por causa de la desobediencia pero que ahora es del Señor Jesucristo.

¿Cómo ataca el enemigo tu mente? La forma en que lo hace es a través de tus pensamientos, sentimientos y voluntad. Una vez que has entendido esto y de ahora en adelante, es tu deber observar estas funciones de tu ser, para poder discernir lo que viene de Dios, esto siempre estará de acuerdo con su Palabra, lo que viene del enemigo, o simplemente de ti mismo el ego. Una vez resuelto y entendido esto, comenzarás a identificar sus trampas y ataques.

Aquí te expongo unos ejemplo para que lo consideres.

1. Creer Más La Mentira Que La Verdad.

Cuando "aceptas" algo dentro de tu corazón que es una mentira, simbólicamente has caído en la trampa y comiste del fruto prohibido que te va a intoxicar y contaminar tu mente. Pondré algunos ejemplos prácticos, de los susurros que pueden llegar en tus oídos:

- Creer que no eres hijo de Dios, que lo que has hecho es tan grave que Dios no te va a perdonar, por tal razón, "no te ama".
- que no puedes o no eres capaz de alcanzar lo que ÉL te prometió.
- que no te dará lo que le pides.

Cuando aceptas la mentira, el enemigo deja en tu mente la semilla de la duda y de la incredulidad, esto puede debilitarte progresivamente.

La respuesta a esto es: busca una palabra de Dios para tú vida en la Biblia, allí siempre encontrarás consuelo y solución para todas las situaciones difíciles, que no entiendes. Ora, clama a Dios y Él te responderá; desecha la mentira y acoge en tu corazón, la verdad, *Jesús dijo: Conoceréis la verdad y la verdad os hará libres.*

2. Temor y Miedo.

Esta es un arma muy eficaz del enemigo y con ella puede literalmente paralizarte; desanimarte y hacerte desistir, para abandonar el propósito que Dios puso en tu corazón. En el camino de la fe, al igual que en los caminos de la vida, hay que evaluar y analizar esto significativamente, el temor no es de Dios y lo único que hace es ponerte obstáculos para que no avances en tu nivel de fe. ¿Cuál es la respuesta a esto? La respuesta es el amor, sí, el amor, por difícil que te parezca el amor todo lo puede. Juan lo explica en su primera carta en el capítulo cuatro: *Dios es amor y nosotros permanecemos en Su amor y lo más importante, el perfecto amor echa fuera todo temor. 1 Juan 4:18*

El amor te ayuda a perdonar, porque el amor cubre todas las faltas, por amor Dios envió a su Hijo y Cristo murió por ti y su amor ha sido derramado en tu corazón y ese amor es el que te perdona, te sana, te restaura, te consuela y te anima cada día. Si en algún momento sientes temor por el futuro, la eternidad o el juicio de Dios, debes recordar que Él te ama incondicionalmente. Puedes vencer tus temores permaneciendo en el amor eterno que fue derramado en ti por medio del poder del Espíritu Santo. Si solo el amor de Dios calmara por completo tus temores y te dará plena confianza, para vivir en fe dependiendo siempre de Él.

3.   Pereza – Inconstancia.

Muchas personas nunca alcanzan a concretar ninguna meta, porque no perseveran, no son constantes, porque se rinden ante los primeros obstáculos, abandonan frente a las primeras presiones. Estas personas cambian todos los días de parecer o simplemente nunca terminan lo que han comenzado o siempre están culpando a otros por sus fracasos, sean personas, situaciones, familia, amigos o circunstancias.

Si tú quieres ser un hombre o mujer de fe, debes entrenarte diariamente, de la misma forma que un atleta que quiere ganar una carrera.

Si quieres crecer en fe, debes diariamente esforzarte, creer en la palabra de Dios, dar pasos de fe y ejercitarte en el amor, la justicia y la paz. La respuesta a esto es "la perseverancia, y la constancia", no aceptar la derrota porque fuiste llamado para alcanzar victoria. Tu Padre Celestial también aún trabaja y no descansa, su objetivo es tu salvación y su anhelo es que llegues al conocimiento de Dios y a la altura de su Hijo Jesucristo. ¿Cómo lo logras? *Poniendo tus ojos solo en Jesús, porque Él Es el autor y consumador de la fe. Hebreos 12:2*

4. Apatía.

Es un arma del enemigo, se identifica con el desgaño, la desmotivación, la fatiga, la inactividad, la falta de entusiasmo, la depresión, la tristeza, el aburrimiento y cuando permites que la apatía gane terreno, empiezas a decaer en tu fe y por ende en tu vida espiritual.

¿Cuál es la respuesta a esto? La Respuesta es la acción, que tienes que tomar, ella derrota la pereza y la inconstancia y es lo único que produce resultados, por lo tanto, te lleva a ser responsable por tus actos y por las consecuencias de ellos.

Tienes que pensar y evaluar antes de hablar o de actuar, antes de tomar una decisión importante. Si trabajas te pagan, si siembras cosechas, si estudias aprendes, todo lo que haces tiene consecuencias.

5.   Desprotección.

Cuando tus sentimientos son afectados por lo que oyes, por lo que ves o las circunstancias de factores externos, entonces te identificas con la situación y pierdes de vista el propósito por la cual Dios te ha llamado y esto es como si anduvieras sin protección, expuesto al peligro y engaño.

Piensa en esto: cuando las palabras te hieren, los hechos te ofenden; eso va dañando tu capacidad de confiar plenamente en los demás y especialmente en los principios divinos. La respuesta es cuidar y fortalecer tu hombre interior, vistiéndote con la armadura de Dios, para que puedas estar firmes frente a las asechanzas del enemigo.

Recuerda este principio:

Jesús se fue a dormir porque aquella embarcación estaba en manos de su Padre y sabía que Él lo cuidaría. Algunas veces, lo mejor que puedes hacer es activar *"tu confianza en sus promesas divinas"*. Si estás preocupado y no puedes hacer nada, comienza a orar y atrévete a descansar plenamente en Él.

Es en la cúspide de la fe donde está el poder para despojarte de toda preocupación y sentir natural. Si el Señor se preocupa por ti, ¿Por qué no habrías de descansar en sus brazos? Descansar en su Padre, era lo mejor que Jesús podía hacer para renovar su fuerza corporal y prepararse para el momento en que la necesitara, para liberar a sus discípulos del peligro.

Todo esto demuestra que la autoridad de Jesús reina sobre toda la tierra, incluyendo las inclemencias del tiempo, que pudiera encontrar su fuente en el poder destructivo del maligno.

Nunca permitas que las circunstancias causen dudas, en lugar de ello afírmate en la fe para comprender en manera determinante esto que es importante: "Cuando confías plenamente en Él, podrás mantener la antorcha de la fe en medio de la tormenta para alcanzar la victoria total."

3
LA FE COMO FRUTO DEL ESPÍRITU

La fe y la fidelidad pueden ser muy difíciles de desarrollar en un mundo que aplaude a los oportunistas y escépticos. ¿Por qué es tan necesario crecer y adquirir este fruto del Espíritu? *Más el fruto del Espíritu es amor, gozo, paz, paciencia, benignidad, bondad, fe, mansedumbre, templanza; contra tales cosas no ley. Gálatas 5:22*

El fruto del Espíritu es la obra espontánea del Espíritu Santo que produce en tu vida características que reflejan la naturaleza de Cristo. No puedes tenerla sin su ayuda; debes de unir tu vida a la de Cristo. Por supuesto, conocerlo, amarlo, tenerlo presente siempre en el corazón e imitarlo. Como resultado, cumplirás el propósito de la ley: Amarás a Dios y a tú prójimo, como a ti mismo.

El Espíritu Santo produce fruto que consiste en nueve características relacionadas a tu actitud que se conectan de forma perfecta entre sí, que se manifiestan en todos los fieles creyentes. ¿Estas experimentando el fruto del Espíritu en tu vida? La fe es el séptimo aspecto del fruto del Espíritu mencionado en Gálatas y básicamente se refiere a la fidelidad que le debes a Dios y sus enseñanzas, las cuales deberían determinar tus pensamientos y acciones.

Enseñanza Verdadera Sobre la Fe y la Fidelidad

En la Biblia, la palabra griega traducida como "fe" es

/pistis/ que también está conectado con la "fidelidad" apunta también hacia la "confianza y seguridad." La definición bíblica más clara de la palabra fe la puedes encontrar en *Hebreos 11*. *"Es, pues, la fe la certeza de lo que se espera, la convicción de lo que no se ve." Hebreos 11:1*

La fe descrita aquí requiere la convicción más sólida que se pueda tener, "la seguridad dada por Dios en el presente, sobre una realidad futura inconmovible."

Establece la convicción de lo que no se ve, la fe verdadera no se basa en evidencias superficiales, sino en la seguridad divina y esta es un regalo de Dios.

La fe genuina no solo cree que existe un ser divino, sino que el Dios de las Escrituras es el único Dios verdadero y real que existe. "No creer que Dios existe equivale a llamarlo mentiroso." Una persona debe creer no solo que el Dios verdadero existe, sino que también recompensará la fe del que cree en Él, con perdón y justicia, porque él ha prometido hacer esto.

El Inicio de la Fe es Creer en el Carácter de Dios

Él es quien dice ser. Cuando crees que Dios cumplirá su promesa en ti, a pesar de que todavía no la has visto hacerse realidad, estarás fluyendo en la verdadera fe. El final de la fe es creer en las promesas de Dios el cual hará lo que ha prometido. La historia de Abraham también te confirma que, de la manera que le sucedió a Abraham, tu fe se desarrollará a medida que compruebas la fidelidad de Dios en sus promesas y usas el poder que Él te ha dado por medio del Espíritu Santo para obedecerle y acercarte más a Él.

Ser fiel a Dios implica confiar y creer plenamente en Él y todo lo que promete.

En *Hebreos 1:3* puedes leer: *"Por la fe entiendes haber sido constituido el universo por la Palabra de Dios, de modo que lo que se ve fue hecho de lo que no se veía."*

La fe te confirma la existencia y amor de tu Creador y no dudas que la vida humana no es producto de la casualidad, como muchos quieren engañar. La fe verdadera va mucho más allá de creer en algo; como dice Pablo, es un camino de vida: *"por fe andamos, no por vista"* 2 Corintios 5:7

Pablo también enseña que la fe implica fidelidad, pues una de las cualidades necesarias es ser totalmente creyente y fiel a las enseñanzas de la Palabra de Dios. En otras palabras: *"retenedor de la palabra fiel tal como ha sido enseñada, para que también pueda exhortar con sana enseñanza y convencer a los que contradicen"* Tito 1:9

El fruto del Espíritu de la fe implica confiar plenamente en Dios y permanecer fiel a Él.

Hoy en día, la fidelidad no es una cualidad común. El mundo está lleno de versiones diferentes de cristianismo, todas afirmando que son fieles a Dios y sus doctrinas, pero dispuestas a tergiversar la verdad bíblica según lo que más les convenga. Hoy más que nunca se puede observar que, la infidelidad y deslealtad están simplemente fuera de control. Sin duda Cristo sabía lo que decía cuando preguntó lo siguiente: *"Os digo que pronto les hará justicia. Pero cuando venga el Hijo del Hombre, ¿hallaría fe en la tierra?" Lucas 18:8*

Lamentaciones 3:22-23 nos recuerda que solo *"Por la misericordia de Jehová no hemos sido consumidos, porque nunca decayeron sus misericordias. Nuevas son cada mañana; grande es tu fidelidad".* Lo único que te pide a cambio es comprometerte con Él, permitiendo que el fruto de la fe se desarrolle cada día más en tu vida.

Buenos Ejemplos de Fe

Hebreos 11 menciona a Abraham y Sara como ejemplos de fidelidad por sus muchas obras de fe. Abraham se puso en las manos de Dios y dejó su hogar sin saber a dónde iba, habitó en tierra extraña con su esposa y esperó pacientemente en las promesas de Dios. Por su parte, Sara confió en la promesa que Dios le había hecho y recibió fuerza para dar a luz aun siendo de edad muy avanzada. Además, cuando Dios le ordenó a Abraham sacrificar a su único hijo, él estuvo dispuesto a hacerlo porque confiaba plenamente en el poder de Dios para resucitarlo.

Ahora, sin importar la época en que vivamos, el ejemplo de fe de Abraham y Sara nos enseña importantes lecciones de compromiso, fidelidad a Dios y la necesidad de actuar por convicción aun cuando la evidencia física indique lo contrario. Aunque la fe de ellos no siempre fue perfecta, Abraham y Sara supieron poner a Dios primero y Él los bendijo abundantemente. Dar la espalda a todo lo que Dios no aprueba e ir hacia adelante confiando solo en sus promesas como Abraham lo hizo, es realmente una prueba de fe. A veces, las cosas que Dios te pide o dice en la Biblia pueden parecerte físicamente imposibles o demasiado difíciles de creer, para ello debes de recordar que nada es imposible con la intervención y ayuda de Dios.

Auto examen de la Fe

- ¿Qué tan fiel eres a Dios?
- ¿Es Dios lo primero en tu vida?
- ¿Cómo lo demuestras?
- ¿Qué te impide ser fiel a Dios y por qué te cuesta confiar en Él?
- ¿Te conformas con tener evidencia espiritual o siempre necesitas pruebas físicas para creer?
- ¿Demuestras fidelidad a Dios en todo lo que haces?
- ¿Cómo demostrar que tu fe es parte del fruto del Espíritu?

Si has sacado solo 2 bien de siete, necesitas trabajar más en tu fe, si sacaste 4 correctas y tres incorrectas, necesitarás un poco de esfuerzo. Cree que antes de terminar de leer este libro, tendrás las 7 completas y contestadas.

La mejor manera de demostrar tu fidelidad a Dios es permitir que su Palabra moldee tus pensamientos, palabras y acciones.

¿Cómo Crecer en Fe y Fidelidad?

Haz una lista de las razones por las que crees en Dios. Si te falta evidencia espiritual en algún aspecto de tu vida, estudia, ora y medita para fortalecer tu fe en esa área específica. Reflexiona en la fidelidad de Dios para protegerte y proveerte de lo necesario, su fidelidad puede ser una gran fuente de inspiración para serle fiel. También haz una lista de tus relaciones y compromisos con Dios, Tú mismo, evalúate objetivamente en qué área has sido fiel. Piensa y quita de tu vida cualquier acción o actitud desleal hacia Él.

Ser fiel a Dios implica tener un grado de compromiso y lealtad que desafía al razonamiento humano.

Creer en Dios no es difícil, pero sí se requiere de fe para creer en sus enseñanzas, de tal forma que esto te lleve a cambiar tu vida para bien.

4
CÓMO INCREMENTAR MI FE

Este capítulo **"Como Incrementar mí Fe"** te ayudará a tener una mejor relación con Dios basada en la fe de Cristo. Recuerda lo siguiente:

Antes de llegar al conocimiento de Cristo, por el pecado original, la imagen con la que fuiste creado, ésta se distorsionó tanto, que no eras capaz de hacer nada bueno por ti mismo. Más ahora, por la gracia Salvadora y redentora de Cristo, hoy eres diferente y debes de anhelar tener más fe, como Jesús lo enseño siempre en su ministerio. Esto es determinante para poder crecer espiritualmente y así vivir una vida plena de milagros y maravillas. ¡Es una aventura poderosa el contar y ver la fe en acción!

¿Cómo Se Inicia en Ti la Fe?

Puedes leer y ver en Efesios 2, que sí, hay un inicio de la fe, que ni siquiera nace en ti, sino que es un don de Dios. Eso lo puedes leer en *Efesios 2:8, Porque por gracia sois salvos por medio de la fe; y esto no de vosotros, pues es don de Dios."* Esto se refiere a todo lo incluido en la declaración anterior sobre la salvación y no solo a la gracia, sino a la fe.

Aunque se requiere que los hombres y mujeres crean para ser salvos, hasta la fe es parte del don de Dios que salva y no ejercerse con base en algún poder personal. La gracia de Dios es preminente en todos los aspectos de la salvación. Tener fe es un proceso que va en aumento, porque nadie puede tener por sí mismo fe, solo la que Dios da. Según escribe Pablo en la epístola a los Efesios. Hay una fe inicial, que ni siquiera es nuestra, dice Pablo que es un don de Dios.

Esta es la fe inicial dada por Dios, más esto es solo el principio, después viene el proceso de crecimiento de la misma.

Al recibir a Cristo como tu Señor, ahí naces de nuevo, y empieza tu caminar en la vida cristiana a través de la fe. En Romanos encontramos lo siguiente: *Así que la fe es por el oír, y el oír, por la palabra de Dios. Romanos 10:17*

No le es dado autoridad a nadie para agregar nada, ni quitarle, ni menos que puede alguien pensar que puede mejorarla. La verdad de Dios debería siempre anunciarse en toda sencillez, sin necesidad a recurrir a refinamientos de la metafísica, la filosofía y la cultura ni a ninguna otra cosa que se le parezca. Estoy afirmando que la Palabra de Dios, anunciada tal como la encontramos, es lo que trae fe al alma de aquellos que la oyen.

Es de recordar que la fe verdadera siempre está sustentada y ese contenido es la Palabra revelada de Dios. La salvación viene para aquellos que escuchan y creen en el Evangelio. En consecuencia, la fe (viene) del oír el mensaje, y el mensaje es oído por medio de la Palabra de Cristo. Entonces, lo que Pablo dice es que la fe en Cristo presupone el haber oído la Palabra que procede de Cristo y que trata de Él. Y aquí hay una palabra, en el original, que ha sido recientemente usada en el verbo pasivo *"lo que fue oído"* y que es usada ahora en el sentido activo: *"oír el mensaje."* Ahora bien, la fe es estar seguro de lo que esperas y estar cierto de lo que no ves. La Palabra fe en el Nuevo Testamento tiene muchas acepciones, por ejemplo, cuando los cristianos judíos, a quienes Pablo había intentado perseguir, hablaron de su fe en Cristo, diciendo: *El hombre que anteriormente nos perseguía predica ahora la fe que una vez trató de destruir. Gálatas 1:23*

En este caso la fe, es una confesión, que te diferencia de los no creyentes. Sin embargo, este no es el significado de la fe que quiere transmitir el escritor de Hebreos. Para los evangelistas que escribieron los Evangelios, Jesucristo es el objeto de la fe. Juan resume este énfasis al afirmar el propósito de su Evangelio, a saber: *Para que creáis que Jesús es el Cristo, el Hijo de Dios, y para que creyendo tengáis vida en su nombre. Juan. 20:31*

También Hechos demuestra que, en el primer siglo, "una fe personal de Jesús era el sello distintivo de los primeros cristianos." Otro aspecto de la fe en el énfasis que Pablo pone en la apropiación, es decir, reclamar para uno mismo la salvación en Jesucristo, sostiene que Dios restauró la situación del hombre pecador con Cristo por medio de la fe. *"Esta justicia de Dios viene por medio de la fe en Jesucristo a todos los que creen." Romanos 3:22* [NTV]

El escritor de Hebreos reconoce estos aspectos de la fe que otros escritores del Nuevo Testamento especifican.

Sin embargo, su uso del concepto fe debe ser entendido primordialmente en el contexto del capítulo once de su epístola. Dios habló, y de la nada creó el universo; declaró lo que sería hecho, y así fue.

La fe debe ser en el único Dios que creó el Universo con su Palabra.

La Palabra de Dios tiene un poder asombroso cuando el habla; ¿Tú prestas atención y respondes? ¿Cómo puedes prepararte mejor para responder a la Palabra de Dios? Los héroes de la fe tenían una cosa en común, es que ponían su total confianza en Dios. A pesar de todas sus pruebas y de sus circunstancias difíciles, ellos salieron victoriosos. Dios desea que el nivel de fe sea incrementado en tu vida, para que te lleve a una relación personal y dinámica con su presencia.

Tener fe es apegarse a las promesas de Dios, depender de la Palabra, y permanecer fiel al llamado del Hijo de Dios.

Si consideras el capítulo 11 dentro del contexto de Hebreos, se evidencia la intención del escritor de contraponer la fe al pecado de la incredulidad. Frente al pecado de caer y apartarse del Dios viviente, el escritor coloca directamente la virtud de la fe. Los que se niegan a poner su confianza en Dios son destruidos, pero los que creen son salvados.

La fe de Noé

Según el capítulo de Hebreos 11:7 observarás que Noé

sufrió rechazo porque era diferente a sus vecinos, Dios le ordenó construir un barco enorme en medio de tierra seca, además nunca habían visto lluvia; aunque este mandato de Dios no parecía tener sentido, Noé obedeció. Esta obediencia de Noé lo hizo parecer extraño ante sus vecinos, así como las nuevas creencias de los primeros cristianos, les hicieron parecer extraño entre los suyos.

Cuando tú estás dispuesto a obedecer a Dios, no te sorprendas si otros te consideran diferente, tu obediencia hace que resalte la desobediencia de ellos.

Recuerda: si Dios te pide hacer algo, Él te dará la fuerza necesaria para realizar dicha tarea, esta determinación permitirá que tu fe sea incrementada.

La Fe Verdadera

La fe verdadera se manifiesta en ti por el Espíritu Santo al creer en el mensaje del evangelio. No es solamente un firme conocimiento y convicción de que todo lo que Dios revela en su Palabra es cierto, sino también una certeza plena que no solamente a otro, sino también a ti, te han sido perdonados los pecados.

Que esa fe, te llevó a reconciliarte con Dios, habiéndote concedido la salvación, que es tener vida y vida eterna con Cristo.

Estos son regalos de pura gracia obtenidos para ti por medio de la muerte en la cruz.

La Certidumbre

Si bien esta breve declaración acerca de la fe consiste en solamente dos frases, las mismas están perfectamente equilibradas.

Estar seguro o cierto, de lo que esperas, aunque no lo veas con tus ojos naturales, lo estás viendo en tus ojos espirituales.

En suma, la seguridad está equilibrada por la certeza. La certidumbre significa, entonces, "una convicción interna". El creyente está convencido de que las cosas que no puede ver son reales. Sin embargo, no toda convicción es igual a la fe.

3.- ¿Cómo incrementar tu fe?

Analicemos brevemente los siguientes textos: *"Hermanos míos, tened por sumo gozo cuando os halléis en diversas pruebas, sabiendo que la prueba de vuestra fe produce paciencia." Santiago 1:2-3*

Al ejercitar tu fe a través de la "prueba", desarrollarás paciencia. El Apóstol no dice: *"en caso de que tengas que enfrentar problemas"*, él está afirmando de que te pueden venir, pero también que podrás sacarles provecho.

Mas tenga la paciencia su obra completa, para que seáis perfectos, sin que os falte cosa alguna.

Durante tiempo de dificultad debes tener una perspectiva positiva debido a lo que las pruebas pueden producir en tu vida, constancia, perseverancia, paciencia y resistencia. *Pero pida con fe, no dudando nada; porque el que duda es semejante a la onda del mar, que es arrastrada por el viento y echada de una parte a otra. No piense, pues, quien tal haga, que recibirá cosa alguna del Señor. Santiago 1:6-7*

Para tener fe es necesario experimentar la necesidad de pedirle a Dios sabiduría para salir de los problemas, Santiago te da la clave para lograr la fe necesaria, no es posible llegar a tener fe de la nada. Solamente aquel que ha pasado por un desierto, por una batalla espiritual, por una presión o dificultad, va a desarrollar su fe. La fe siempre ha sido la experiencia de los siervos de Dios desde el comienzo del mundo, por eso es importante saber, que en donde el Espíritu de Dios implanta este principio, se recibe a la vez, la verdad acerca de la justificación por medio de los sufrimientos de Cristo.

La Fe Que Salvará Tu Alma, creer en Jesús

En lo cual vosotros os alegráis, aunque ahora por un poco de tiempo, si es necesario, tengáis que ser afligidos en diversas pruebas, para que sometida a prueba vuestra fe, mucho más preciosa que el oro, el cual aunque perecedero se prueba con fuego, sea hallada en alabanza, gloria y honra cuando sea manifestado Jesucristo, a quien amáis sin haberle visto, en quien creyendo, aunque ahora no lo veáis, os alegráis con gozo inefable y glorioso; obteniendo el fin de vuestra fe, que es la salvación de vuestras almas. 1 Pedro 1:6-9

Es necesario confiar en que Dios conoce tu situación y está planificando y dirigiendo tu vida para bien, aunque quizás no lo entiendas en el momento, Él siempre te da de su amor y fuerza, y te guía hacia un futuro de victoria.

- Debes perseverar cuando enfrentas diversas situaciones, no debes amargarte, ni desesperarte.
- Debes tener valor porque Jesús es tu Señor y Salvador, no tienes por qué temer.
- El que sufrió por ti no te abandonará, sino que te protegerá durante cada etapa de tu vida.

Ésta es una de las formas de incrementar tu fe.

Si un creyente sale aprobado y sigue confiando en el Señor, puede estar seguro de que su fe es genuina. En el próximo capitulo podrás leer y analizar cómo Dios prueba tu fe.

5
¿CÓMO DIOS PRUEBA TU FE?

En este capítulo responderé a esta pregunta: **"¿Cómo Dios prueba tu fe?"** esto te enseñará de manera profunda como actúa Dios contigo para enseñarte a desarrollar nuevos niveles de fe. Todos quisieran obtener lo que desean en la vida, especialmente cuando es algo de suma importancia para cada persona, como es la sanidad de una enfermedad grave o crónica. La Biblia menciona que de acuerdo con tu fe te será hecho. Mas, ¿realmente será que Dios está viendo solo tu fe o será también tú entrega incondicional a Él?

Cuando Tu Fe Es Probada

Has escuchado mucho sobre el tamaño de la fe y creo que a todos les gustaría tener una fe grande que les alcance para ver milagros, pero **¿cómo puedes medir la fe?** no existe una herramienta con la que puedas hacerlo, al menos no una física, pero Dios mide nuestra fe. ¿cómo Dios lo hace? Por medio de la prueba, es ahí cuando la fe es medida.

Es en medio de la prueba que puedes ver milagros.

Muchas veces haz dicho que tienes fe, pero quizás pocas veces has tenido que demostrarlo, especialmente cuando estas bien o cuando no te falta nada, tienes salud, dinero en la cartera y comida en la alacena. Ahora bien, la fe es la garantía de lo que se espera, la certeza de lo que no se ve. Es decir que la fe es seguridad, es confianza y por medio de ella alcanzas paz.

Analizando la Prueba

La Biblia te muestra en el libro de Job como éste era un hombre recto, intachable, temeroso de Dios y apartado del mal, era un hombre muy bendecido, aún con esas cualidades su fe fue probada. Job en medio de toda su prueba no dejo de dar gloria a Dios. Aun cuando había perdido todo, incluso la salud, jamás se olvidó de todas las bondades de Dios, aunque casi perdió la fe. Entonces, ¿se puede decir que la prueba es un castigo? Y tú ¿cómo debes actuar en la prueba? ¿cuál va a ser tu correcta actitud al ser probado? Debes entender que la prueba no es castigo y no viene por actuar mal, y es por eso por lo que debes de seguir confiando, mantenerte firme en tu posición de creyente, seguir alabando a Dios y dando gracias por todo, sabiendo que Dios tiene cuidado de tu vida y siempre busca bendecirte.

Recuerda lo anterior dicho: *"Y hermanos míos, tened por sumo gozo cuando os halléis en diversas pruebas, sabiendo que la prueba de vuestra fe produce paciencia." Santiago 1:2-3*

Santiago te enseña que tienes que estar gozoso al tener que enfrentar las pruebas, porque por medio de ellas se producirá en ti constancia que te llevará a ser mejor hijo/a de Dios. Tu fe crecerá y podrás orar a Dios sin dudar. En este caso es la misma prueba, lo que te prepara para fortalecer tu fe.

Sin la prueba tu fe no crecería y no alcanzarías madurez.

La fe es tan vital para la salvación como el corazón lo es para el cuerpo. Por lo tanto, los dardos del enemigo están dirigidos principalmente a esta gracia esencial. Por eso no debes desanimarte por el hecho de ser probado, pues para Dios tu fe es muy valiosa, pues sin ella es imposible agradarle.

Tu fe es particularmente repulsiva a Satanás y al mundo. Si no tuvieras fe, no serían tus enemigos.

La fe es aquella gracia bendita que más agrada a Dios y, por lo tanto, la que más disgusta al diablo. Por la fe, Dios es glorificado en gran manera, y por la fe, Satanás también se irrita, no lo soporta. Se enfurece contra la fe porque ve en ella su propia derrota que es la victoria de la gracia.

El Apóstol Pedro afirma la importancia de la fe probada

La primera carta de Pedro te enseña que la fe al igual que el oro, ambas deben ser pasada por fuego, porque la fe es más preciosa y de más valor delante de Dios que el mismo oro. La fe probada saldrá mejor que el oro purificado con el fin de demostrar que es digna de aprobación y honor para cuando Jesucristo se revele en gloria. Esto, para ti como creyente, debe ser motivo de mucho gozo. Muchos no le dan valor a las pruebas y oran para que Dios se las quite; a veces te es quizás difícil de entender y hasta de aceptar, pues crees que las pruebas simplemente suelen ser obstáculos que te causan dolor. *No os ha sobrevenido ninguna tentación que dejará ser tentado más de lo que podéis resistir, si no que dará también juntamente con la tentación la salida, para que podáis soportar. 1 Corintios 10:13*

En una cultura llena de depravación moral y de presiones que provocaban el pecado, Pablo animo a los corintios a resistir la tentación:

1.-Muchos son tentados, de manera que no pienses que esto le sucede solo algunos.
2.-Otros han resistido las tentaciones, y tu también puedes hacerlo.
3.-Toda tentación puede ser resistida porque Dios te mostrara la salida.

Él te ayudará a resistir la tentación, ayudándote a reconocer a aquellas personas y situaciones que te crean problemas, Él te dará las fuerzas para huir de todo aquello que sabe que es malo. Solo el Espíritu Santo te puede dirigir para hacer lo que es correcto, orando siempre pidiendo la ayuda de Dios en tu vida, para que tengas el discernimiento de buscar amigos que aman al Señor y que pueden brindarte ayuda correcta en tiempos de pruebas.

Pablo como Pedro consuelan de diversas maneras a los creyentes desanimados, con el propósito de ayudarlos aceptar las pruebas y tentaciones como parte del proceso del creyente para fortalecerse en fe y nunca ceder a las mismas.

Primero: nadie ha sido probado de manera inusual.

Quizás piensas que tienes más pruebas que otros, pero es solo el desconocimiento de las pruebas de los demás lo que te lleva a creer que tus pruebas son excepcionales.

Segundo: tienes una fuente de consuelo aún mejor que es la fidelidad de Dios.

Tú no eres fiel en el sentido pleno del término, pero Dios es fiel a todas sus promesas. ¿Qué más necesitas aparte de la fidelidad de Dios para desterrar de tu mente todos los malos presentimientos? Durante las pruebas y las tentaciones, el creyente encuentra un mayor consuelo en el poder de Dios, el juicio de Dios y el freno que Él pone a la tentación.

No os dejará ser tentado más de lo que podéis resistir.

Dios tiene poder para limitar la tentación. ¿Quién aparte de Dios, sabe cuánto eres capaz de resistir? Saber que Dios controla la situación esto te infunde gran consuelo. También te es de consuelo saber que Dios ha provisto una salida para el que es tentado, una vía de escape porque Él prometió dar también juntamente con la tentación la salida. ¡Que maravilloso saber eso! Hay una manera correcta de salir de la tentación y también muchas maneras incorrectas, mientras que otros optan y recurren a cualquiera de ellas.

No obstante, hay una única manera correcta, y es la salida provista por Dios mismo.

La manera correcta será siempre provista por Él, por lo

tanto, quién ahora estén expuesto a tentaciones o pruebas, no deben salirse de ellas por sus propios medios, porque es consolador saber que contamos con el apoyo de Dios en la prueba.

Para Que Podáis Soportar

A veces, la salida no es eludir la prueba, si no ser capaz de soportarla, sabiendo que si debes de ser probado, la prueba solo redundará en beneficio de tu propia vida. Recuerda que Dios no va a permitir que atravieses por situaciones que no puedas soportar y que además te ha dado las armas para vencer y más aún, te ha dado la victoria por medio de Cristo Jesús.

Ejemplos Prácticos

Saliendo Jesús de la casa de Jairo, le siguieron dos ciegos mientras le gritaban en voz alta: ¡Ten misericordia de nosotros, Hijo de David! Llegando Jesús a la casa llegaron los ciegos que le estaban siguiendo, al verlos Jesús les hizo una pregunta importante: ¿creéis que puedo hacer eso que Uds. quieren? y ellos dijeron: Sí, Señor. *"Entonces les tocó los ojos, diciendo: Conforme a vuestra fe os sea hecho"*. En ese mismo instante recibieron el milagro y sus ojos fueron abiertos. Encontramos dos diferentes casos similares (*Mateo 9:27-28 y Mateo 20:30-34*).

Es extraordinario notar que en estos dos únicos casos que fueron escritos por Mateo, personas ciegas pidieron a Jesús la restauración de la vista y la consiguieron, se dirigieron a él llamándolo por el título Mesiánico tan bien conocido como, "Hijo de David". ¿Pudiera ser que la fe de ellos descansara en las palabras escritas por el profeta Isaías? *"Entonces los ojos de los ciegos serán abiertos, y los oídos de los sordos se abrirán" Isaías 35:5*

De ser así, la petición hecha a Jesús para que cumpliera su función predicha como el Consolador de Israel, debe haber sido de grande significación. Y llegado a la casa, parece que Jesús tardó su respuesta para probar su fe y su paciencia.

…vinieron a Él, los ciegos lo que sin duda deseaban, y Jesús les dice: *¿Creéis Que Puedo Hacer Esto? Ellos sin titubear contestaron: Sí, Señor.*

Sin duda, el propósito del Señor no sólo fue poner la fe de ellos en evidencia por medio de esta pregunta, sino hacerla más extraordinaria: aumentar la expectativa del milagro, y así prepararlos para recibirlo.

Es evidente que el reconocimiento sincero de su poder, expresado con tanta sencillez, muestra cuán completamente el Señor consiguió su propósito. *Entonces tocó los ojos de ellos, diciendo: Conforme a vuestra fe os sea hecho. Mateo 9:29*

De este modo ellos llevarían consigo en su visión restaurada, un sello precioso de la fe que manifestó la sanidad de su Señor compasivo. **¿Qué esperas que Dios haga en tu vida?** El principio de la fe te lleva a vivir en expectativa, de lo que el Señor está a punto de hacer en tu vida. Dios te dice que tú puedes elegir; **"Debido a que conforme a tu fe será hecho en ti"**. Dicha expectación, te lleva por medio de la fe a experimentar la respuesta de parte de tu Señor.

El Dar te Hará Feliz

Dad, y se os dará; medida buena, apretada, remecida y rebosando darán en vuestro regazo; porque con la misma medida con que medís, os volverán a medir. Lucas 6:38

Aprende a ser libre de las actitudes equivocadas, logrando entender que los pactos con Dios te conducirán a la bendición. ¿Alguna vez has observado que las personas que más dan son las personas más felices y las más bendecidas? ¿Qué cuanto más dan más reciben? Son personas que cada vez que tienen una necesidad o un problema reciben bendición de donde sea, y cada proyecto que emprenden, prospera. ¿Por qué? Porque han activado un principio de fe espiritual basado en el poder de que es más bienaventurado dar que recibir. Este principio espiritual está respaldado por quien lo puso en activación, o sea Dios mismo. Aquí aprenderás en qué consiste la manifestación de su poder, al estar siempre en expectación de fe, cuáles son las condiciones para que funcione y como las puedes aplicar en tu diario vivir. Otro versículo importante en la fe en la Biblia es: *"Pero sin fe es imposible agradar a Dios." Hebreos 11:6*

Los padres están contentos cuando sus hijos le creen, ¿verdad? Dios obra de la misma manera, Él es tu Padre celestial y Dios se complace cuando confías en Él. Es por eso que la Biblia dice que: *"sin fe es imposible agradar a Dios."*

Puedes obedecer a Dios, puedes hacer lo correcto y aun así no ser agradable a Dios, ya que no lo estás haciendo con fe. Así que es importante aprender a vivir con expectación a medida que aprendes a vivir por fe. Es importante mencionar acerca de cómo puedes crecer en fe. *Dijeron los apóstoles al "Señor: Auméntanos la fe. Lucas 17:5*

Muchos dicen ¿Cómo se logra eso? me gustaría aumentar mi fe. Sé que te gustaría tener más fe, ¡perfecto! eso es lo que agrada a Dios. La pregunta es ¿cómo? Si la fe en Dios es lo que hace mi vida sea satisfactoria y segura, ¿cómo Dios puede lograrlo? Te puedo preguntar: ¿tomas algunas vitaminas para ello? No. ¿Hay algún tipo de terapia que puedas realizar para que te aumente la fe? No. ¿Hay algún seminario especifico que te ayude a construir tu fe? No, Exacto, entonces ¿cuál es la solución?

Aquí Está El Secreto. La verdad es que Dios es el que edifica tu fe. Él construye tu fe al conocer como obra y se mueve, esta es la razón más que suficiente para que puedas mantener una íntima relación de comunión con Él.

La fe es como un músculo que cuando más tú lo ejercitas más se desarrolla.

Entre más pongas a prueba tus músculos en los ejercicios de la oración y la lectura periódica de la Palabra, ellos más se desarrollarán y así se incrementa la fe. Entre más se ponga a prueba, más crecerá tu nivel de fe. ¿Por qué? Porque debes saber que Dios siempre está obrando a tu favor, Él tiene un plan para tu vida, Él tiene un propósito para tu vida y Él te va a ayudar cuando conozcas la importancia de depender de Él y conocer sus diseños divinos.

La Biblia dice: *"Alégrense siempre en el Señor Y otra vez os digo regocíjense"*, porque Dios usa las dificultades, y las transforma para bien. Él pone a prueba tu fe y Él construye en los momentos más difíciles de tu vida, no en los tiempos fáciles, sino cuando tienes una orden y parece que no la puedes llevar a cabo, la cuestión en este momento es:

¿A quién le voy a creer?
¿En quién voy a confiar?
¿Voy a confiar en mi propia opinión, o en lo que creo que es recto delante de mis propios ojos?

Hay literalmente muchos ejemplos en la Biblia de personas a las que Dios les confió lo que tenían que hacer y simplemente confiaron en Él, a pesar de que en sus entendimientos no tenía sentido, o a pesar de que parecía imposible, sin embargo, pudieron mantenerse en fe porque creían que Dios es la verdad y no cambia, lo conocieron como el Dios verdadero y fiel que cumple sus promesas.

¿Qué Conclusión Sacas de Esta Verdad?

Si quieres aprender a vivir por fe, tienes que aprender a obedecer sin cuestionar nunca a Dios y hacerlo inmediatamente. Ya sea que lo entiendas o no, tienes que estar dispuesto hacer conforme a sus principios establecidos, tenga para ti, sentido o no.

Debes de entender claramente lo que Dios te pide que hagas, para ello debes de entender su voz, conocer por el Espíritu Santo su voluntad para tu vida. Esa es la prueba de la fe, obrar no por tus sentimientos sino por la certeza que Él es fiel. La voz de Dios para tu vida la encontrarás en la Biblia entonces actúa en fe y obedécele rápidamente.

Dios Prueba Tu Fe en el Área de lo Natural

¿Sabías tú, que el dinero es una de las más grandes pruebas de fe en tu vida? Pocas personas entienden cómo Dios usa las posesiones materiales como una prueba de carácter y fe. Para muchas personas las finanzas son lo más importante que tienen. Generalmente no entienden que al pedirle Dios algo, lo está poniendo a prueba. Cuando estás pasando por problemas económicos y Dios te pide que sigas ofrendando, es ahí donde Él está probando tu fe. Dios te quiere demostrar su fidelidad y bendecirte. Pero si en vez de darle a Dios haces lo contrario, Dios no te podrá prosperar en medio de la prueba que estas pasando económicamente. Recuerda: Cuando se te pide dar, todas estas cosas están relacionadas con la fe. *Jesús dice esto: "Pues si en las riquezas injustas no fuisteis fieles, ¿quién os confiará lo verdadero?" Lucas 16:11*

Si tu no has honrado a Dios, al no ser fiel con el dinero aquí en la tierra, Él no podrá confiar en ti para que administres las verdaderas riquezas celestiales. Jesús en este texto, les está dando una verdad, de que hay una relación definida y directa entre la forma en que manejas tu dinero y la profundidad espiritual en tu vida. Definitivamente se encuentra que hay una conexión directa. De hecho, Jesús dice si no eres fiel en el manejo de la riqueza materiales, Él no te va a confiar las riquezas espirituales. Entonces deducimos que el dinero Dios lo usa para probarte. El dinero es una prueba.

El hecho de que haces con tu dinero realmente determina cuánto Dios puede bendecir tu vida.

Puede que nunca hayas pensado en ello, pero tiene un impacto real sobre tu vida. Has aprendido que después de caminar con el Señor, Dios determina lo mucho que puede bendecir tu vida por lo fiel que has sido con lo que Él ha depositado en tus manos. No se puede ignorar estos versículos. El hecho es que cada vez que te rindes a Dios, más pierde valor las cosas materiales, perdiendo prioridad en tu vida, mientras que tu fe crece y se edifica en lo espiritual. Cada vez que estás dispuesto a dar con alegría, renuncias a la codicia y el egoísmo, que se manifiesta como resultado de estar expuesto al materialismo en tu vida.

Cada vez que das en fe, creces en el amor, en la esperanza, en madurez, reconociendo por la fe que todo le pertenece a Él, incluyendo tu propia vida. Eso hace que vivas bajo su bendición y seas enriquecido en todo, porque Dios mismo se interesa en que no te falte nada. La bendición de Dios es la que te enriquece, y ella no trae consigo cargas o afanes, por el contrario, trae entendimiento y paz que es una vida llena de gracia y favor de Dios.

6
LA FE COMIENZA CUANDO LA VOLUNTAD DE DIOS ES CONOCIDA

Tu intimidad con Dios te ayudará a poder comprender de manera más efectiva como opera la verdadera fe en Dios. y de cómo llegas a tener una fe genuina, conociendo su voluntad. *"Porque por fe andamos, no por vista" 2 Corintios 5:7*

Y apóstol Pablo establece aquí un principio importante. Andar o caminar implica tener vida. Puedes hacer que un muerto quede sentado en una posición, mas para andar se necesita poseer vida interior. Es apropiado, por lo tanto, preguntarte si tienes vida dentro de ti. Las personas incrédulas no pueden andar, en el sentido que aquí se utiliza la expresión andar.

Andar implica actividad, esto es una acción, los verdaderos cristianos no solo se limitan a aprender, sino que también practican lo que aprenden. Estos deben comprometerse en manifestar a otros la bendición que han recibido y exhibir en sus acciones diarias los frutos que cosechan por tener comunión con Dios. El hecho de andar implica progresar, si esto es un verdadero principio la persona que camina avanza. Los verdaderos creyentes siempre están haciendo avances.

De los primeros pasos en la fe se debe seguir marchando hacia la fe perfeccionada, creciendo cada vez con más vigor y fortaleza. Las personas que no avanzan te hacen dudar sobre si conocen mucho de la vida en Cristo. Andar también significa perseverancia, cuando una persona solo da un paso o dos y luego se detiene, no se puede decir que camina. El verdadero y fiel cristiano sigue andando, además que el andar es lo normal en la vida cristiana.

En este texto mencionado puedes contrastar dos principios: andar por la fe o andar por la vista, para muchos es natural que anden por la vista, cualquiera desde el más pequeño hasta el más anciano puede andar por la vista. Hay algo extremadamente ignorante en creer solo en aquello que se puede ver. Esto es aún más cierto en el caso de las cosas espirituales. Además, andar por la vista es una manera engañosa de caminar. Los ojos no ven todo, y a menudo, nos engañan. Recuerda que el principio de la vista es cambiante, se puede ver bien durante el día, pero ¿Qué haces durante la noche cuando no puedes ver de la misma manera?

Mas el principio de la fe se destaca en la oscuridad, debes de entender que quienes se guían por la vista andan solos, ya que el andar por la vista es afirmar lo siguiente: Yo creo en mí. En cambio, andar por la fe es profesar: Yo creo en Dios. Esta es la gran advertencia, nunca debes mezclar estos dos principios: Por fe andamos, no por vista.

Recuerda siempre que La palabra "andar" en la Biblia simboliza a menudo la forma en que vives, la forma en que actúas, y la forma en que te conduces.

Así que caminar por la fe es vivir en una expectación confidente de las cosas que están por venir. Las personas de este mundo están influenciadas por las cosas que ven. Ellos viven deseando y codiciando y nunca se satisfacen, cada vez desean más posesiones, y nunca se sacian porque su alma está vacía de Dios. El cristiano mira más allá de este mundo con la convicción de que cree que hay un lugar mejor.

Un poco de fe traerá tu alma al cielo, pero mucha fe traerá el cielo a tu alma." Charles Spurgeon dijo: *"La fe borra el tiempo, aniquila la distancia, y trae las cosas futuras a la vez en su posesión."*

La fe es más que una palabra escrita en la Biblia, es lo que mueve el obrar de Dios en tu vida.

La cosa más importante en la vida de una persona es que tenga la fe de Dios, eso hará que tenga fe en el verdadero Dios. Recuerda que dé El emana la certeza y fidelidad. *"Por la fe entendemos haber sido constituido el universo por la palabra de Dios, de modo que lo que se ve fue hecho de lo que no se veía." Hebreos 11:3*

Es necesario tener fe para agradar a Dios. Caminando por la fe, que te conduce por completo a conocer intensamente su voluntad perfecta. Cuando te convertiste en cristiano, has sido salvo por la fe y Dios tiene la intención de que sigas viviendo continuamente por fe. Solo a Dios se le presenta aquí como aquel que controla tanto la historia como tu destino profético, si solo Él constituyo el tiempo y el espacio. Si El creo el mundo de la nada, y todo surgió de inmediato por su Palabra. Por fe tienes que entender que Dios es el creador del Universo, El Señor de la historia y el autor de tu destino profético. *"Por tanto, de la manera que habéis recibido al Señor Jesucristo, andad en él"* Colosenses 2:6

El acto de fe fue extender tus manos vacías para recibir la plenitud de la deidad por medio de Cristo. Hay aun preciosas experiencias que no has vivido, algunas alturas sublimes que no has alcanzado, mas has recibido al Señor Jesucristo. Esta es la señal distintiva de todos los verdaderos y fieles cristianos. Es algo que te caracteriza en manera especial.

Recibir a Cristo como Señor y Salvador es el comienzo de una vida nueva. En esta experiencia de vida debes seguir su liderazgo para ser arraigado, edificado y fortalecido en su fe. Él desea guiarte y ayudarte en medio de tus problemas diarios. Tú puedes vivir para Él al hacer lo siguiente:

1.-Dedicar tu vida y someter tu voluntad a Él.
2.-Tratar de aprender de Él, de su vida y de sus enseñanzas.
3.-Reconocer el poder del Espíritu Santo en ti.

Significa que debes seguir viviendo tu vida en Él. La fe es indispensable en la vida cristiana. Es por eso que la Biblia dice que: *"Pero sin fe es imposible agradar a Dios; porque es necesario que el que se acerca a Dios crea que le hay, y que es galardonador de los que le buscan"*. Hebreos 11:6

Por lo tanto, la fe es de vital importancia en la vida del cristiano. Es por fe que tú eres salvo; justificado;

perdonado; adoptado como hijo, redimido y mucho más. La fe te mantiene conectado con el dador de la vida. La fe es lo que agrada a Dios, y admite su dependencia de Él. Recuerda siempre esto que creer que Dios existe solo es el comienzo. Él desea que tu fe te conduzca a una relación personal y dinámica mayor con su presencia. Sin fe, estas sin Dios, dado que solamente se percibe por medio de la fe. Sin fe estas sin esperanza, por una verdadera esperanza solo puede surgir de una fe verdadera. Sin fe estas sin Cristo y en consecuencia sin un Salvador. Sin fe es como estar espiritualmente desnudo.

Considera los siguientes pasajes de las Escrituras para comprender el significado de la fe en la vida cristiana.

A. Somos salvos por la fe.

Porque por gracia sois salvos por medio de la fe; y esto no de vosotros, pues es don de Dios; no por obras, para que nadie se gloríe. Efesios 2:8-9

B. Vivimos por la fe.

Porque en el evangelio la justicia de Dios se revela por fe y para fe, como está escrito: Mas el justo por la fe vivirá. Romanos 1:17

C. Recibimos la justificación por la fe.

Porque no por la ley fue dada a Abraham o a su descendencia la promesa de que sería heredero del mundo, sino por la justicia de la fe. Romanos 4:13

D. Somos justificados en Cristo por la fe.

Justificados, pues, por la fe, tenemos paz para con Dios por medio de nuestro Señor Jesucristo. Romanos 5:1

E. Tenemos acceso a la gracia de Dios por la fe.

Por quien también tenemos entrada por la fe a esta gracia en la cual estamos firmes, y nos gloriamos en la esperanza de la gloria de Dios. Romanos 5:2

F. Nos mantenemos firmes en la fe.

No que nos enseñoreemos de vuestra fe, sino que colaboramos para vuestro gozo; porque por la fe estáis firmes. 2 Corintios 1:24

G. Recibimos la promesa del Espíritu mediante la fe.

Para que en Cristo Jesús la bendición de Abraham alcanzase a los gentiles, a fin de que por la fe recibiésemos la promesa del Espíritu. Gálatas 3:14

H. Hacemos la obra de Dios por la fe.

Ni presten atención a fábulas y genealogías interminables, que acarrean disputas más bien que edificación de Dios que es por fe, así te encargo ahora. 1 Timoteo 1:4

I. Por la fe, nosotros aguardamos la esperanza de justicia.

Pues nosotros por el Espíritu aguardamos por fe la esperanza de la justicia. Gálatas 5:5

La fe bíblica es una acción basada en la creencia y confianza en Dios. Porque Él es Dios, digno de tu confianza y obediencia. Recuerda que no encontraras el descanso en ninguna parte, sino solo conociendo su santa voluntad, que es indeciblemente más grande de lo que pueda ser tu conocer de lo que Él es, en su grandeza y poder. La Biblia dice claramente que Dios actúa a favor de aquellos que esperan solo en Él. *Ni nunca oyeron, ni oídos percibieron, ni ojo ha visto a Dios fuera de ti, que hiciese por el que en El espera. Isaías 64:4*

La única manera en que puedes aprender a hacer esto es confiar en Dios y creer que Él está siempre obrando para tu bendición. Cuando esperas, reconoces Su señorío en tu vida, y tu confianza en la fe misma se convierte en un acto de adoración genuina.

La Biblia está llena de promesas para los creyentes. Nada puede alentarte y alimentarte más que la fe, conociendo que la lectura y meditación de las promesas de Dios proporcionan diariamente fortaleza a tu vida por completo. La fe es donde las promesas y Obras de Dios se hacen realidad en sus redimidos. Es actuar en las promesas de Dios. El Apóstol Pablo les recuerda a los fieles creyentes que no deben construir sus vidas en torno a cosas que no tienen un significado eterno.

En lugar de perseguir las mismas cosas que el mundo persigue, el cristiano debe centrarse en las realidades eternas nunca vistas. La mejor elección que puedas hacer es basar tu esperanza en el Señor Jesucristo, ella siempre está viva y nunca decepciona.

Martín Lutero dijo:

"La fe ve lo invisible, cree lo increíble y recibe lo imposible Entonces, acepta lo imposible, lo hace sin lo indispensable y soporta lo intolerable.

"Mas el justo vivirá por fe; Y si retrocediere, no agradara a mi alma. Pero nosotros no somos de los que retroceden para perdición sino de los que tienen fe para preservación del alma " Hebreos 10:38-39

Él "sólo" se refería a los creyentes; que están justificados por la fe. *"Por tanto, habiendo sido justificados por la fe, tenemos paz para con Dios por medio de nuestro Señor Jesucristo." Romanos 5:1*

La Ignorancia de la Fe es la Ignorancia de Dios.

Por lo tanto, los creyentes regulan todos sus juicios concernientes al bien y el mal, no con referencia a las cosas visibles y temporales, sino a las cosas invisibles y eternas. Muchos son los que piensan que las cosas invisibles son de poco valor, no las valoran ni las entienden, pero, por el contrario, ellas son las de gran valor, ya que no pasarán. El Apóstol Pablo refiriéndose a esto dijo: *"No mirando nosotros las cosas que se ven, sino las que no se ven; pues las cosas que se ven son temporales, pero las que no se ven son eternas."* 2 Corintios 4:18

Por lo tanto, los que caminan por fe no desean las cosas que se ven, más bien fijan su atención en las cosas de arriba, no en las de la tierra. Pablo dejó muy claro en el libro de Colosenses: *"Ya que habéis resucitado a una nueva vida con Cristo, pongan su mirada en las realidades del cielo, donde Cristo está sentado en el lugar de honor a la diestra de Dios." Colosenses 3:1*

No debes detenerte porque aquí solo eres un peregrino; no viendo la tierra como tu hogar, porque solo estas de paso, a un hogar mejor en lo alto. Por lo tanto, para caminar por la fe es temer a Dios más que a los hombres; obedecer la Biblia, incluso cuando entra en conflicto con las normas de los propios hombres; para elegir lo correcto sobre el pecado, no importa lo que cueste.

La fe es Confiar en Dios en todas las circunstancias; y creer que Dios recompensa a los que le buscan.

"Caminar por fe" significa vivir la vida a la luz de las realidades eternas y sus consecuencias, es vivir por las promesas de Dios. Para caminar por fe requiere que sintonices tu corazón a la voz del Espíritu Santo y a la verdad de su Palabra. *"Pero cuando venga el Espíritu de verdad, él os guiará a toda la verdad; porque no hablará por su propia cuenta, sino que hablará todo lo que oyere, y os hará saber las cosas que habrán de venir."* Juan 16:13

Cuando fundamentas tu vida en la verdad de la Palabra de Dios, y no en filosofías humanas de este siglo, vas en contra de tus inclinaciones naturales y en contra de tu voluntad humana e imperfecta. Eliges vivir de acuerdo con lo que Dios te revela, en lugar de confiar en tu propio entendimiento, te rindes por completo a su voluntad perfecta. *Fíate de Jehová de todo tu corazón,*

Y no te apoyes en tu propia prudencia. Reconócelo en todos tus caminos, Y él enderezará tus veredas. Proverbios 3:5-6

Muchas veces tienes que tomar decisiones importantes y sientes como si no puedes confiar en nadie, ni siquiera en Dios. Sin embargo, solo Él sabe lo que es mejor para ti, hasta sabe lo que anhelas alcanzar mejor que tú mismo. Debes confiar en Él completamente en todas las decisiones que tomes. Esto no significa que debes dejar de pensar cuidadosamente sobre los asuntos o menospreciar lo que Dios te instruye por medio de su propia Palabra. No debes creerte que eres superior y más sabio que otros si no ser humilde y escuchar lo que el Espíritu de Dios, te puede comunicar por medio de aquellos que le sirven y le aman.

Es importante que puedas reconocer que, para recibir la dirección del Espíritu Santo en tu vida, debes buscar su voluntad en todo lo que haces, entregarle cada área de tu vida tal como Jesús lo estableció diciendo, busquen el Reino de Dios por encima de todo lo demás, esto significa dar a Dios el primer lugar en tu vida, saturar cada uno de tus pensamientos con sus deseos, imitar su carácter, servirlo y obedecerlo en todo.

Mi pregunta para ti es: ¿Qué es lo más importante en tu vida? Las personas, los bienes materiales, las metas u otros deseos que tratan de competir por ser la prioridad. Cualquiera de estos podría rápidamente convertirse en los más importante para ti, si no decides seria y responsablemente darle a Dios el primer lugar en los diferentes aspecto de tu propia vida. Es importante que percibas que cualquiera que vive preocupado desmedidamente es afectado por el temor y le resulta difícil confiar en el Señor. Ten en mente este principio *"El comienzo de la ansiedad es el fin de la fe, y el comienzo de la verdadera fe es el fin de la ansiedad."*

El Señor no defrauda a los que buscan Su voluntad.

Cuando se cierra una puerta, hay otra que está a punto de abrirse con algo mejor detrás de ella. Ni siquiera puedes desear algo mejor para ti mismo de lo que Dios te tiene preparado. La mejor elección que puedes hacer es fijar tu esperanza en el Señor Jesucristo. Anticipando lo bueno que trae consuelo a la mente y el corazón. Debes creer lo que sea adecuado a su voluntad para tu vida, y apartándote de todo lo que no sea su voluntad expresa.

Las circunstancias pueden cambiar pero Jesús nunca cambia.

Él proporciona:
- la fuerza para tu cuerpo cansado,
- paz para tu mente ansiosa
- consuelo para el corazón herido y abatido.

La fe es todo acerca de la verdad Omnisciente de Dios, no nuestro limitado conocimiento. La fe cristiana es creer en aquel que es Todopoderoso y que está por encima de todas las circunstancias y situaciones que puedas enfrentar.

Dios permite que tu fe sea probada para que puedas ver lo fuerte que puedes llegar hacer. Su propósito es ayudarte a crecer, porque Él sabe que la fe no probada no es fe válida y nunca cuesta mucho. ¿Por qué las personas consideran que las palabras de Jesús son como una enseñanza dura?

Porque se dieron cuenta que los estaba llamando a seguirle sin garantías de las cosas temporales y visibles del mundo material, pero llamándolos a estar satisfecho solo con Él, llamándolos a seguirle sin conocer los resultados con antelación, consintiendo en dejar el futuro en sus manos. Esa es la fe bíblica, la fe que confía en Dios que está dispuesto a rendirse ante Él, para hacer y conocer su voluntad cada día más. *Estando persuadido de esto, que el que comenzó en vosotros la buena obra, la perfeccionará hasta el día de Jesucristo"* *Filipenses 1:6.*

Dios, quien comenzó la buena obra en ti, la continuara durante toda tu vida y la terminara cuando lo conozcas cara a cara. La obra de favor y gracia comenzó en ti cuando Cristo murió en la cruz en tu lugar. Ahora el Espíritu Santo vive en ti capacitándote para que cada día seas semejante a Cristo. El apóstol Pablo describe el proceso de crecimiento y madurez cristiano que comienza al aceptar a Jesús y seguirá hasta que Cristo vuelva, conforme Él lo ha prometido.

7
EL ESCUDO DE LA FE

El cuarto componente de la armadura que Pablo menciona en Éfeso es el escudo.

En Daniel 3, la Biblia registra la historia del horno de fuego ardiendo: Los tres jóvenes miraban fijamente el lugar donde serían echados para morir. El edicto había sido promulgado: iban a ser atados y arrojados vivos dentro de un horno que sería calentado siete veces más de lo acostumbrado. Todos los que miraban entendían lo que esto implicaba: esto era una ejecución y era lo que le sucedía a quienes desobedecían al rey.

Un momento antes, a estos tres hombres se les había dado la oportunidad de evitar este destino fatal. Si hubiesen estado dispuestos a ceder tan solo un poquito, podrían haber salvado sus vidas, pero se habían rehusado a hacerlo. ¿Por qué? el rey había construido previamente una estatua de oro de 27 metros de altura, y había decretado que varias veces al día, todo habitante debía postrarse y adorar la estatua cuando escuchara los instrumentos musicales. En toda la nación, solo tres personas tuvieron la osadía de no obedecer el decreto real, y por aquel acto de valor, Sadrac, Mesac y Abed-nego deberían morir.

Cuando el rey Nabucodonosor se enteró de la insubordinación, reprendió a los rebeldes y les dio un ultimátum: Adoren la estatua o serán echados en medio de un horno de fuego ardiendo. La respuesta a esta amenaza la encontramos en: *"Sadrac, Mesac y Abed-nego respondieron al rey Nabucodonosor, diciendo: No es necesario que te respondamos sobre este asunto. He aquí nuestro Dios a quien servimos puede librarnos del horno de fuego ardiendo; y de tu mano, oh rey, nos librará. Y si no, sepas, oh rey, que no serviremos a tus dioses, ni tampoco adoraremos la estatua que has levantado. Daniel 3:16-18*

La fe de estos tres jóvenes en Dios, les permitió enfrentar al hombre más poderoso del mundo y rehusar obedecer sus órdenes blasfemas. Entonces, fueron lanzados dentro del horno y liberados milagrosamente por Dios. Sin embargo, tal vez lo más sorprendente de esta narración bíblica, fue la inquebrantable dedicación a Dios de estos jóvenes frente a una suerte desconocida. **Su fe era tan fuerte, que estaban dispuestos a dar su vida por Dios.**

Tomando el Escudo de la Fe

Hasta ahora, la descripción que hace Pablo de la armadura de Dios se ha limitado solo a los accesorios que usas. Te puedes colocar el cinturón, la armadura y el calzado, y ellos se sostienen básicamente por sí mismos. El escudo es algo diferente. Pablo te dice que el escudo es algo que tu debes sostener y levantar. El solo atarlo a tu brazo no es suficiente, es necesario que hagas el esfuerzo de mantenerlo firmemente arriba y usarlo.

¿Cuál era la función del escudo en el ejército romano?

El escudo romano -el *scutum*- no era el clásico escudo

"tipo medieval" que se nos puede venir a la mente cuando escuchamos dicha palabra. Era un escudo muy grande, rectangular y curvado, con una pieza de metal cónica y puntuda que se colocaba en la parte central externa.

El escudo era un elemento de defensa sumamente importante y necesario, para protegerse y avanzar.

Debido a su tamaño -algunos medían más de un metro de alto y casi un metro de ancho- los soldados quedaban muy bien protegidos contra sus enemigos. Como era curvo, podía desviar los ataques sin transferir la fuerza total de la embestida al hombre que sostenía el escudo. Debido a esta protección, se podían evitar incluso los ataques más despiadados, porque éste tenía además una capacidad ofensiva y de un golpe podía hacer que el enemigo retrocediera.

¿Qué es la Fe?

Es, pues, la fe la certeza de lo que se espera, la convicción de lo que no se ve. Hebreos 11:1 Esta es la definición bíblica acerca de la fe que aclara algunos conceptos erróneos de ella. Si la fe es *"la certeza de lo que se espera, la convicción de lo que no se ve"*, entonces esto tiene implicaciones de impacto y alcance. La certeza es tangible, la convicción es una prueba sólida. Por definición, la fe no es una emoción incierta, sin fundamento real. Esta es una verdad irrefutable. La verdad es real. *Porque en esperanza fuimos salvos; pero la esperanza que se ve, no es esperanza; porque lo que alguno ve, ¿a qué esperarlo? Pero si esperamos lo que no vemos, con paciencia lo aguardamos. Romanos 8:24-25*

Aunque la fe se basa en evidencia sólida, no significa que ella se produce naturalmente o de forma fácil. Pablo aquí destaca un punto importante, pero necesario: uno no espera lo que ya tiene. La fe requiere una determinación de confianza. Debes examinar la evidencia y ver que Dios ha demostrado que él no cambia y es consistente, y después debes creer firmemente que cumplirá las promesas que te ha hecho.

¿De Dónde Nace la Fe Viva y Salvadora?

Porque por gracia sois salvos por medio de la fe; y esto no de vosotros, pues es don de Dios . Efesios 2:8 Debes creer en Dios tan pronto inicias tu camino, ya que después del arrepentimiento y el bautismo él te da una fe más profunda y viva, que crece mediante su Espíritu Santo.

¿Por Qué Se Asocia El Escudo Con La Fe?

He aquí nuestro Dios a quien servimos puede librarnos del horno de fuego ardiendo; y de tu mano, oh rey, nos librará. Y si no, sepas, oh rey, que no serviremos a tus dioses, ni tampoco adoraremos la estatua que has levantado. Daniel 3:17:18 Un escudo defiende. Mientras que un escudo te protege físicamente, la fe puede salvaguardar tu vida espiritual, incluso en medio de pruebas físicas. Cuando Satanás (valiéndose de Nabucodonosor) atacó los valores y creencias de Sadrac, Mesac y Abednego, ellos por su fe fueron capaces de enfrentar firme e inquebrantablemente ante tal desafío. En su repuesta, ellos expresaron esencialmente "Dios puede librarnos de este destino. No sabemos si lo hará o no, pero eso no es lo importante. Él nos entregó sus mandamientos y los vamos a guardar sin importar las consecuencias. Sabemos que él puede fácilmente salvarnos de la muerte" *Sobre todo, tomad el escudo de la fe, con que podáis apagar todos los dardos de fuego del maligno. Efesios 6:16*

Un Escudo Desvía Cualquier Ataque

Satanás siempre está arrojando sus ardientes dardos de miedo, duda y preocupación, pero la única vez que puede alcanzarte es cuando bajas tu escudo de la fe, cuando dejas de creer que Dios tiene el control; que está permitiendo que las cosas sucedan para tu bien; que sea cual sea el resultado, siempre es para mejor, aunque no parezca ser así, o no lo comprendas en el momento. *Entonces le respondió Pedro, y dijo: "Señor, si eres tú, manda que yo vaya a ti sobre las aguas". Y él dijo: "Ven". Y descendiendo Pedro de la barca, andaba sobre las aguas para ir a Jesús. Pero al ver el fuerte viento, tuvo miedo; y comenzando a hundirse, dio voces, diciendo: "¡Señor, sálvame!" Al momento Jesús, extendiendo la mano, asió de él, y le dijo: "¡Hombre de poca fe! ¿Por qué dudaste?" Mateo 14:28-31*

El escudo es la primera línea de defensa mientras el resto de la armadura te protege de los ataques de Satanás. Cuando tu fe en la Omnipotencia y protección de Dios es fuerte, es imposible para Satanás atravesar tu escudo y lograr atacarte. Mas cuando permites que la duda te invada, como le sucedió a Pedro y se distrajo con las olas, te comenzaras a hundir. El resto de tu armadura terminará maltratada, igual que tu propia persona. No obstante, un escudo de fe sostenido fuerte y activamente evita esto y, por el contrario, te hace resistente para vencer. *Entonces Jesús le dijo: "Vete, Satanás, porque escrito está: 'Al Señor tu Dios adorarás, y a él sólo servirás'". El diablo entonces le dejó; y he aquí vinieron ángeles y le servían. Mateo 4:10-11*

Un escudo puede incapacitar. Cuando Jesucristo fue tentado por Satanás, su fe en la Palabra y los mandamientos de Dios resistieron y vencieron a Satanás. Hebreos 4:15 nos dice que Jesús fue tentado en todo, así que con toda seguridad este no fue el único encuentro que Jesucristo tuvo con el diablo. El escudo romano permitía a los soldados desplazar a sus oponentes y aturdirlos lo suficiente como para contraatacar inmediatamente. La fe en Dios, como Jesucristo lo demostró, puede darle a Satanás un buen empujón y darnos la posibilidad de defendernos haciendo la voluntad de Dios y su obra. Dios te dice que la fe no puede estar solo en tu mente, sino que debe producir frutos, obras de obediencia y servicio

¿Cómo Puedes Usar el Escudo?

El ejército romano poseía una táctica muy efectiva y original en el uso de sus escudos. Cuando los enemigos lanzaban flechas u otro tipo de proyectiles, los soldados cerraban filas en formación rectangular, llamada "testudo" o "tortuga": Los que estaban en los bordes de la formación usaban sus escudos para crear una muralla alrededor. Quienes se encontraban en el medio sostenían sus escudos sobre sus cabezas, y de esta manera protegían a todo el grupo de las flechas aéreos. El resultado era una formidable arma de resistencia, que solo podía ser detenido mediante un tremendo esfuerzo.

Cuando el ejército romano juntaba sus escudos, se convertía en una fuerza casi imparable. Y si nosotros en la Iglesia del Señor unimos nuestros escudos, es decir, nos fortalecemos mutuamente con nuestra fe, construyendo y sirviendo dentro de este cuerpo en la medida de nuestras capacidades, seremos una fuerza muy difícil de detener, capaz de enfrentar cualquier desafío. Debes recordar que cuando peleas, no es simplemente tu batalla. Es la batalla de todos tus hermanas y hermanos en la fe, de los que están a tu alrededor y en todo el mundo.

Y él mismo constituyó a unos, apóstoles; a otros, profetas; a otros, evangelistas; a otros, pastores y maestros, a fin de perfeccionar a los santos para la obra del ministerio, para la edificación del cuerpo de Cristo, hasta que todos lleguemos a la unidad de la fe y del conocimiento del Hijo de Dios, a un varón perfecto, a la medida de la estatura de la plenitud de Cristo; para que ya no seamos niños fluctuantes, llevados por doquiera de todo viento de doctrina, por estratagema de hombres que para engañar emplean con astucia las artimañas del error, sino que siguiendo la verdad en amor, crezcamos en todo en aquel que es la cabeza, esto es, Cristo, de quien todo el cuerpo, bien concertado y unido entre sí por todas las coyunturas que se ayudan mutuamente, según la actividad propia de cada miembro, recibe su crecimiento para ir edificándose en amor. Efesios 4:11-16

Cuando alcanzas victoria plena, será porque pusiste tu fe en Dios y estuviste en unidad con los demás, hombro a hombro, manteniéndote firme y unido para tu común salvación, por la fe que ha sido una vez dada a los santos. Recuerda esto que tu fe está basada en las promesas de Dios.

¿Cuán familiarizado estás con estas promesas? ¿Sabes qué es lo que Dios te ha prometido?

Si las conoces profundamente y confías plenamente en ellas, tu fe será igualmente sólida. ¡Reclama esas promesas y mantén **TU ESCUDO DE LA FE EN ALTO.**

8
YO SOY TU ESCUDO
Pastora Lidia Zapico

Después de estas cosas vino la palabra de Jehová a Abram en visión, diciendo: No temas, Abram; yo soy tu escudo. Génesis 15:1 Todos conocemos la historia de Abraham como el "Padre de la fe" y es verdad. Abram había aprendido a conocer a Dios durante su gran recorrido, en cada lugar que llegaba levantaba un altar de adoración a Dios. El gran Adonaí se revelaba en cada altar que Abram levantaba, en esas oportunidades divinas, el Señor le daba a conocer su nombre, su carácter y su voluntad.

Llegando a establecerse en Hebrón después de recorrer la tierra de Canaán, una noche Dios se vuelve a revelar a Abran en forma especial, esta visita era para establecer un pacto Dios con el hombre. Ese encuentro sería inolvidable para Abram y lo es, hasta el día de hoy. Con voz audible Adonai inicia la conversación con dos frases sumamente importantes: *"No temas, yo soy, tu escudo"*. Pase lo que le pase en tu vida, debes seguir creyendo y permanecer firme en tu convicción cristiana. Así como en Abram, de la misma manera te está diciendo el Señor a ti ahora, -No temas, Yo soy tu escudo, Soy tu ayuda-. *Los que teméis a Jehová, confiad en Jehová; Él es vuestra ayuda y vuestro escudo. Salmos 115:11*

Proverbios y Salmos afirman en cientos de textos la importancia de recibir los beneficios de Dios; ellos son la consecuencia de vivir una vida que surge del temer al Señor con reverencia y humildad. La fiel protección de Dios, como una recompensa, es parte de tú entrega y obediencia.

Hay una retribución por causa de la fidelidad y obediencia y es su ayuda incondicional.

Esta revelación también la tuvieron otros hombres de Dios como Samuel y David. *En cuanto a Dios, perfecto es su camino, Escudo es a todos los que en él esperan. 2 Samuel 22:31*

Para eso tenía que seguir CONFIANDO si tener temor, y saber que Él era su protección. Así es ahora debes de creer que Él es tu protección. En los Salmos es donde puedes leer más la expresión "confiar". Confiar es como creerle, sin dudar que Dios es Fiel, que mantiene sus promesas, que guarda el pacto que hizo contigo, de no dejarte y de no abandonarte. Que debes vivir confiado en cada momento de tu vida. Para eso debes de sentarte con Él en la mesa. El Rey David sabía lo importante que era el momento donde en su mesa se sentaban todos sus hijos, era el tiempo de reposar y comer, compartir y tener momentos de comunión. *"Me llevo a la casa del banquete, su bandera sobre mi es amor."* No hay favor más de honra que Cristo llame a tu puerta, porque quiere cenar contigo. Él siempre quiere compartir con su novia, esa eres tú.

Pero alégrense todos los que en ti confían; Den voces de júbilo para siempre, porque tú los defiendes; En ti se regocijen los que aman tu nombre. Porque tú, oh Jehová, bendecirás al justo; Como con un escudo lo rodearás de tu favor. Salmo 5:11-12

¿Realmente qué es el Escudo que Dios le puso Abram?

Protección, Yo soy tu protección. El Escudo traducido de la palabra en hebreo figurativamente es; un protector; una defensa. Esa protección, y defensa era el mismo Dios rodeando su cuerpo, su alma y su espíritu. Dios guardó Abram, al punto de llamar "mi amigo". Que tu fe alcance las montañas más altas y los valles más bajos. Que puedas viva comunión con Dios de tal manera que a donde vayas levantes un altar de adoración, para que el Señor te visite. No solo lo necesitas, Él quiere también conversar contigo, porque te ama y vino a la tierra y se hizo humano, porque anhela estar con contigo, más a los orgullosos mira de lejos.

Toda Palabra de Dios es limpia; Él es escudo a los que en él esperan. Proverbios 30:5 Aquí puedes leer que también el Señor es el escudo de todos los que en Él esperan o de todos los que confían -cree en Él.

¿Qué es esperar en Dios? s confiar totalmente sin dudar eso es igual a creer. La traducción en Inglés dice: **"Él es escudo a los que ponen toda su confianza en Él".** Aquí está el secreto de Abram, Dios lo probó por muchos años hasta que se le apareció diciendo:

YO SOY TU ESCUDO, te he probado y te probaré, pero así como tú has confiado en mí, yo también te confiare mis secretos. ¿Acaso no le diré a Abram mi amigo lo que pienso hacer? Dios sabía que Abram lo esperaba debajo de las encinas, lugar donde se sentaba para adorar y meditar en Dios. ¿Qué es esperar en Dios? es desear que Él te visite y te hable, pero hay que desearlo de todo el corazón.

Esperar es: Hacerlo tu refugio. Cristo en ti y tú en Cristo

Estos son tiempos oportunos para poner en práctica esta palabra, hacerla realidad hoy en día.

Confiar plenamente en Él te lleva a descubrir algo:

- ¿Será posible sanarse sin que haya enfermedad?
- ¿Podrás tener victoria sin tener un tiempo de confrontación?
- ¿Tendrás testimonios de provisión divina sin tener escasez?

Nunca te olvides que junto con la prueba viene la salida, y en ese proceso Dios te hace fuerte. Sabiendo que la prueba de vuestra fe produce paciencia. *Bienaventurado el varón que soporta la tentación; porque cuando haya resistido la prueba, recibirá la corona de vida, que Dios ha prometido a los que le aman. Santiago 1:3*

Mira este tiempo como la oportunidad para poner en práctica este pasaje, para creer, y vivir sabiendo que Dios es quien te está cubriendo y protegiendo, que no importa cuánto ataque venga contra ti, Él es quien levanta tu cabeza y es tu gloria. *Mas tú, Jehová, eres escudo alrededor de mí; Mi gloria, y el que levanta mi cabeza. Salmo 3:3* El secreto está en creerle a la palabra, con todo tu ser interior. *Estad quietos y conoced que yo soy Dios; Seré exaltado en las naciones, enaltecido seré en la tierra. Salmos 46:10*

Otra versión dice: *Quédense quietos y sepan que yo soy Dios. Toda nación me honrara. Seré honrado en el mundo entero. Salmos 46:10* ^NTV El centro de todo sigue siendo Él. **"Quédense quietos."** Esto es realmente una confianza máxima, es descansar en lo más profundo el alma, reposar como un niño, saber que la responsabilidad es de papá.

Quedar en confianza es lo contrario al afán del alma, es lo contrario a la ansiedad.

¿Cuánta gente sufre de ansiedad en estos tiempos? Creo que conoces a muchos de ellos, aun cristianos que viven en ansiedad. Muchas veces es inevitable, pero otras veces es la falta de fe y de confianza en Dios, necesitan aumentar su confianza, porque están fallando en la "comunión intima" con Jesucristo. *Tú eres mi escondedero y mi escudo, en tu palabra espero. Salmos 119.114*

Esperar es creer que Él vendrá otra vez y te visitará. Quedar en confianza es lo contrario al afán del alma, es contrario a la ansiedad. A pesar de que el **trastorno de ansiedad** está en aumento a nivel mundial, la iglesia **no está exenta** de esta realidad, muchos cristianos sufren de este ataque, lo cual no es bueno.

RECUERDA cada prueba, aunque duela y cueste

pasarla, te va haciendo más fuertes y tienes que aprender a vivir sin poner tu mirada en lo que el mundo te quiere hacer ver, vanidad, amor a lo material, en lo que es terrenal y pasajero... más bien, debes de afirmarte en lo que no ves físicamente, en lo que Dios te ha prometido ya que esto es lo REAL y valioso, lo más importante. Es triste cuando te enfocas en algo pasajero que hoy esta y mañana ya no queda nada. *Porque esta leve tribulación momentánea produce en nosotros un cada vez más excelente y eterno peso de gloria; no mirando nosotros las cosas que se ven, sino las que no se ven; pues las cosas que se ven son temporales, pero las que no se ven son eternas. 2 Corintios 4:17-18*

Los problemas no deben desanimarte, ni disminuir tu fe. Ellos vienen para probar tu fe.

Las tribulaciones te impulsan a mirar más allá de esta corta vida. Te dan oportunidades para demostrar tu fe en Dios a otros. Tienes un alto refugio, un poderoso escudo alrededor de ti, el más grande de todos está a favor tuyo, aunque todo se desmorone a tu alrededor. Dilo en voz alta, ¡El Señor poderoso me está protegiendo!

¿En Qué Se Asocia El Escudo Con La Fe?

Cuando tienes la convicción que Él es el que te defiende, eso activa tu fe. Ella se enfocará en el correcto propósito que es depositar tus ojos en la verdad. ¿Cuál es la verdad? Él es el único, quien que te libra y te defiende. No en tus fuerzas, sino en el verdadero Dios.

El escudo que es Dios mismo y se hace real en ti cuando le crees a Él

Él es escudo alrededor de ti es tu protector, al aumentar tu fe, más confianza tendrás en esta verdad. Se convierte en el muro de fuego que te protege, como las murallas de Jerusalén. *Cómo Jerusalén tiene montes alrededor de ella, así Jehová está alrededor de su pueblo. Desde ahora y para siempre. Salmo 125:2*

Montes Y Muros Como Escudos

Tú eres mi refugio; me guardarás de la angustia; Con cánticos de liberación me rodearás. Salmos 32:7 Si crees en esta palabra, debes de tener el escudo de la fe puesto todos los días, cada texto te inspira y levanta tu fe. Confiesa en alta voz **¡Oh Dios eres mi escudo y mi bandera, mi gloria y el que levanta mi cabeza!**

Tu Fe Hará que Dios Pelee por Ti

Cuando tus inquietudes se multiplican dentro de mí, tus consuelos deleitan mi alma." Salmos 94:19 ^{LBLA} Jesucristo te ama, y el entiende tu vida en la tierra, y por eso su Palabra te da ánimo y consuelo. Dios te contempla desde su trono. Te mira y entonces dice: Espera y confía, también soy Dios de esto.

"Seré glorificado en ti y protegido por tu poder mediante la fe, para la salvación que está preparada para mi."

9
LA FE COMO DON

Creo que ha quedado claro que en la Biblia aparece reflejado tres tipos de Fe.

- **La Fe que salva.**
- **La Fe como fruto del Espíritu Santo.**
- **La Fe como Don.**

Es interesante notar que en el Evangelio de Juan no se encuentra esta palabra fe, en este mismo sentido o significado, sino que se usa la palabra *"pisteu"* que significa "creer", ésta aparece cerca de 85 veces. La palabra creer llegó a ser tan importante en todo el Nuevo Testamento, que a los que seguían a Jesús se les llamaba "Creyentes". Esto nos da entendimiento para ver la importancia de la fe tanto en los discípulos de Jesús como en los nuevos creyentes de la iglesia primitiva.

El Don De Fe

El Don de FE, se diferencia de la fe que es para Salvación y de la fe que es fruto del Espíritu. El don en sí, va muchísimo más lejos, puesto que la fe no tiene límites para hacer la obra, viene acompañado de milagros, señales, portentos y maravillas. El Don de FE, es un regalo de Dios impartido por el Espíritu Santo, a quien Él quiere, para hacer milagros, multiplicación, echar fuera espíritus y muchas otras cosas más que el mismo Dios otorga y da con gran abundancia. El Don de FE se encuentra en la lista de los dones del Espíritu.

"Pero a cada uno le es dada la manifestación del Espíritu para provecho a otro, …a otros fe en el mismo Espíritu". 1 Corintios 12:7,9

Como todos los dones del Espíritu Santo, el don de FE fue dado para la edificación del cuerpo de Cristo. Es evidente que hay dos palabras que describen a la fe: **confianza y certeza.** Estas dos cualidades necesitan un punto de inicio y un punto final.

El inicio de la fe es creer en el carácter de Dios y creer firmemente que él es quien dice ser. El final de la fe es creer en las promesas de Dios, él hará lo que ha prometido por medio de su propia Palabra.

Cuando crees que Dios cumplirá sus promesas, a pesar de que todavía no las has visto hecha realidad, estás mostrando una genuina y verdadera fe en Él. La Palabra de Dios tiene poder ilimitado, creer que Dios existe es solo el comienzo; Él desea que tu fe te conduzca a una relación personal cada día. El Don de FE puede ser definido como el don especial por el cual el Espíritu Santo le da a los cristianos la extraordinaria confianza en las promesas, el poder y la presencia de Dios, de modo que puedan asumir posiciones de plena confianza para el futuro de la obra de Dios en la iglesia.

Te daré algunos ejemplos de personas con el don de la fe, son los que se mencionan en Hebreos capítulo 11. Este capítulo, a menudo llamado **"el salón de la fe"**, describe a aquellos cuya fe fue extraordinaria, que les permitió hacer cosas fuera de lo habitual o común.

- Vemos a Noé pasando 120 años construyendo un barco enorme, cuando hasta ese momento no existía la lluvia.
- Vemos a Abraham creyendo que sería padre de un niño, cuando la habilidad natural de su esposa para tener hijos había terminado.

Sin el don especial de la fe de parte de Dios, tales cosas habrían sido imposibles.

Aquellos que tienen el Don de FE son una inspiración para sus compañeros creyentes, demostrando una simple confianza en Dios que se refleja en todo lo que dicen y hacen.

De manera excepcional, las personas con este don, a menudo demuestran una humilde piedad y confianza en las promesas de Dios hasta el punto de ser conocidas por ser personas sin miedo y fervientes de una manera muy tranquila. Están tan convencidas de que todos los obstáculos para el evangelio y para los propósitos de Dios se superarán, y tan confiadas de que Dios va a garantizar el avance de su causa, que a menudo harán mucho más en la divulgación de su reino.

El Don de FE, es la fe en grado extraordinario.

Hablamos de la fe como don espiritual, que solo algunos reciben, donde la aplican a su vez en situaciones específicas. El Don de FE, es algo que proviene directamente de la gracia de Dios, no es "tu fe" sino "la fe de Dios" que es dada, de una manera especial. Por eso es un don (regalo) que no se puede conseguir con ninguna clase de esfuerzo humano religioso o intelectual.

Por ello Nuestro Señor Jesucristo es el **"Autor y consumador de la fe."** En el caso de recibir el don, es más que simplemente creer. Es tener de Dios la confirmación en el corazón para hacer cosas que humanamente jamás nos atreveríamos hacer.

El Don de FE se refiere a la fe que mueve montañas, que vence las enfermedades y destruye todas las barreras con milagroso poder, siempre dependiendo, no de nosotros, sino de la voluntad de Dios para ese momento, lugar y persona. Generalmente el DON de FE es el que cree en la sanidad de Dios, cree en la resurrección de muertos, cree lo que humanamente es imposible.

La FE como Don del Espíritu Santo, puede crecer.

Cuando Dios da a través de su Espíritu Santo el don de FE, éste no queda estático, sino que también crece. *"Entonces el Señor dijo: Si tuvierais fe como un grano de mostaza, podríais decir a este sicómoro: Desarráigate, y plántate en el mar; y os obedecería." Lucas 17:6*

El pasaje paralelo no sólo menciona árboles, sino también montañas: *"Porque de cierto os digo que cualquiera que dijere a este monte: Quítate y échate en el mar, y no dudare en su corazón, sino creyere que será hecho lo que dice, lo que diga le será hecho". Marcos 11:23*

Dios desea que Su Palabra obre efectivamente cuando crees en lo que ella ha establecido y prometido.

"Y me dijo Jehová: Bien has visto; porque yo apresuro mi palabra para ponerla por obra." Jeremías 1:12 En otras palabras: "Respaldaré apresuradamente mi palabra para que obre lo que yo quiero". El punto es este: Hay una "fe que habla" y está a la disposición de los hijos de Dios.

Fe Como la Semilla de Mostaza

"Si tu tuvieras fe que creciera como un grano de mostaza…". Cuando puedes leer esto, el Espíritu Santo te hará entender la enseñanza de Jesús de una manera diferente y reveladora. Jesús no te estaba diciendo que todo lo que necesitas es un poquito de fe del tamaño de un grano de mostaza para entonces, poder mover árboles y montañas. Por el contrario, estaba ensenando una verdad central con relación a este tema en particular diciendo que, La fe que crece como un grano o semilla de mostaza puede sanar a los enfermos, lanzar fuera demonios y ver las señales que han de seguir. *Y estas señales seguirán a los que creen: En mi nombre echarán fuera demonios; hablarán nuevas lenguas; tomarán en las manos serpientes, y si bebieren cosa mortífera, no les hará daño; sobre los enfermos pondrán sus manos, y sanarán. Marcos 16:17-20*

Escuchas las mismas palabras del Señor: *"Otra parábola les refirió, diciendo: El reino de los cielos es semejante al grano de mostaza, que un hombre tomó y* sembró en su campo; el cual a la verdad es la más pequeña de todas las semillas; pero cuando ha crecido, es la mayor de las hortalizas, y se hace árbol, de tal manera que vienen las aves del cielo y hacen nidos en sus ramas." Mateo 13:31-32

Se sabe que la semilla o grano de mostaza es diminuto, pero Jesús dijo que cuando nacía y crecía hasta llegar a ser la más grande de todas las hortalizas, siendo un árbol lo suficientemente grande como para alojar a las aves. Jesús enseño esta parábola para mostrar que el reino de Dios tiene comienzos pequeños, más crecerá y producirá en abundancia.

Cuando entiendes que no es una fe pequeña sino una fe creciente la que efectúa cosas grandes, entonces, viene a ser un concepto diferente de fe.

Una fe pequeña logrará hacer algunas cosas; una fe grande hará cosas muy grandes, que honraran al Señor Jesús. Es necesario que tu fe crezca en ti, para que a través de ella el Nombre de Cristo sea glorificado. Pablo comenta sobre la fe que mueve montañas: "Y si tuviese profecía, y entendiese todos los misterios y toda ciencia, y si tuviese toda la fe, de tal manera que trasladase los montes…" 1 Corintios 13:2

¿Qué necesitas para recibirla o desarrollarla? Ser saturado por medio del poder Espíritu Santo en amor y compasión de Dios por los demás. Tu oraciones podrán sanar a los dolientes, tu fe obrara milagros en otros, y Cristo será exaltado.

10
LA FE QUE VENCE AL MUNDO

*Porque todo lo que es nacido de Dios vence al mundo;
y esta es la victoria que ha vencido al mundo, nuestra
fe. 1 Juan 5:4* RVR1960 La fe que vence al mundo es aquella
que vence al sistema implementado en el mismo, lo que
significa victoria sobre el engaño y la maldad que es
controlado por satanás a escala global. Por medio de
Cristo y su provisión de salvación, el creyente es un
vencedor, sobre el sistema invisible de maldad
demoniaca y humana que las tinieblas controlan para
capturar almas humanas y llevarlas con él al lugar de
condenación eterna. La fe en Jesucristo y la dedicación
total de la vida a Él hace que el fiel creyente sea
victorioso y triunfante. Esto es algo que Juan repite para
llamar la atención sobre su importancia.

Es importante reconocer que cada ser humano o bien
es un cristiano genuino que se caracteriza por el amor y
la obediencia a Dios, o un seudocristiano en rebelión
contra Dios, enamorado del mundo y esclavizado por el
sistema del mismo y controlado por las fuerzas
demoníacas. No existe terreno medio entre estas dos
alternativas para alguien que afirme ser nacido de
nuevo. Los falsos maestros no tenían amor verdadero,
sino que estaban dedicados a la sabiduría y la filosofía
del mundo, lo cual hacía evidente su amor por el mundo
y por su condición no regenerada y ajena a la esfera de
la salvación.

Mientras que las filosofías e ideologías del mundo, así

como muchas cosas que éste ofrece parecen atractivas y deseables, todo es un engaño diabólico. Su naturaleza verdadera es maligna, dañina y perjudicial. Sus teorías mortíferas se levantan contra el conocimiento de Dios y cultivan el alma de los hombres. El mundo es el enemigo del cristiano porque está en rebelión y oposición directa contra todo lo que procede del Señor, al ser controlado por satanás. El cristiano no solo debe rechazar el mundo por lo que es, sino también por lo que hace, estas son razones más que suficientes por lo que el cristiano no debe amarlo sino vencerlo por medio de la fe que establece la genuina victoria. El mundo se encuentra en un proceso continuo de desintegración y se encamina de forma inexorable a la destrucción. El que hace la voluntad de Dios permanece para siempre a diferencia del mundo temporal. Los que siguen la voluntad de Dios son parte de su pueblo para siempre. Mientras Él ofrece vida eterna a sus hijos, la ira presente del mundo está condenada a perdición. *Pues todo hijo de Dios vence a este mundo de maldad, y logramos esa victoria por medio de nuestra fe. 1 Juan 5:4* [NTV]

Esta fe es la que necesita todo hijo de Dios para estar por encima de cualquier circunstancia y vivir en victoria. No importa la situación que estés atravesando, si tienes al Espíritu de Dios dentro tuyo, podrás vencer al mundo. El imperio de Babilonia era el más grande y poderoso que la humanidad había conocido hasta el momento. No sólo gobernaba con autoridad en toda su extensión, sino que además imponía una manera de vivir a través de sus costumbres, leyes y decretos. Cuando Dios entrega a Judá en manos de Babilonia, Daniel es llevado cautivo a la capital del imperio para servir al rey.

Se encontraba en una nación extranjera con costumbres contrarias a sus propias creencias. Sin embargo, Daniel propuso en su corazón no contaminarse.

La fe que vence al mundo comienza con una actitud interior adecuada, buscando agradar a Dios por encima de los hombres.

Estando al servicio del rey, Daniel en todo asunto que fue consultado, reconocían su sabiduría superior a los caldeos de la corte real. Resultó ser diez veces superior al resto de los funcionarios, magos, sabios y adivinos de Babilonia. Pasaron los años y Daniel llegó a ocupar uno de los tres cargos más importantes del imperio, supervisando a los gobernadores y funcionarios al mando de las provincias. Esto despertó gran envidia en todos ellos, y buscaban la manera de deshacerse de él.

Tú fe será puesta a prueba, pero no temas. Sin importar lo que el enemigo trame en tu contra, sus estrategias no prosperarán.

Las pruebas que tengas que atravesar servirán para llevarte a un lugar mayor de autoridad. Los enemigos de Daniel se pusieron de acuerdo para matarlo. Engañaron al rey para que firmara un decreto que sancione con pena de muerte a todo aquel que hiciere petición alguna a cualquier dios fuera del rey durante treinta días.

Sin embargo, *"cuando Daniel oyó que se había firmado la ley, fue a su casa y se arrodilló como de costumbre en la habitación de la planta alta, con las ventanas* abiertas que se orientaban hacia Jerusalén. Oraba tres veces al día, tal como siempre lo había hecho, dando gracias a su Dios." Daniel 6:10 ^{NTV} Daniel tenía una vida de oración. Él no oraba solamente cuando vivía una situación de extrema urgencia. Daniel oraba 3 veces al día, todos los días. El secreto de la fe que vence al mundo es caminar a diario tomado de la mano de Dios.

La confianza y la seguridad que recibimos al tener una comunión diaria con el Creador del Universo no tiene comparación con nada en este mundo.

No importa el plan que haya preparado el enemigo, la voluntad del cielo está por encima de cualquier acuerdo de los hombres. "Entonces, finalmente el rey ordenó que arrestaran a Daniel y lo arrojaran al foso de los leones. El rey le dijo: Que tu Dios, a quien sirves tan fielmente, te rescate" Daniel 6:16 ^{NTV} Le fe que vence al mundo supera todas las pruebas. ¿Puedes llegar a pensar lo que es pasar toda una noche entera a oscuras encerrado en un pozo con leones hambrientos? Eso fue lo que vivió Daniel, sin embargo, dentro de ese pozo no estaba solo, el ángel de Jehová estaba a su lado.

Aun cuando tengas que atravesar las circunstancias más extremas, Dios no te abandona.

Recuerda que Él está en control de todas las cosas, no hay plan del enemigo que pueda sorprenderlo, ni artimaña que logre torcer sus planes para tu vida. A la mañana siguiente, el rey fue a ver si Daniel seguía vivo. Ordenó que removieran la piedra, y dijo: "—¡Daniel, siervo del Dios viviente! ¿Pudo tu Dios, a quién sirves tan *fielmente, rescatarte de los leones? Y Daniel contestó: —¡Que viva el rey! Mi Dios envió a su ángel para cerrarles la boca a los leones, a fin de que no me hicieran daño, porque fui declarado inocente ante Dios y no he hecho nada malo en contra de usted, su majestad."*

Cuando tu vida está de acuerdo con la voluntad de Dios aún la naturaleza se somete. Ningún daño fue encontrado en el cuerpo de Daniel. ¡Dios estaba con él! *"Entonces el rey (Darío) dio órdenes de que arrestaran a los hombres que maliciosamente habían acusado a Daniel y los hizo echar al foso de los leones, junto con sus esposas y con sus hijos. Los leones saltaron sobre ellos y los despedazaron aun antes de que llegaran al piso del foso." Daniel 6:24* ᴺᵀⱽ Los enemigos de Daniel cayeron en su propia trampa, y todo el mal que procuraron contra de Daniel, se volvió sobre ellos y sus familias.

Toda maquinación y toda artimaña que el enemigo haya orquestado en contra de tu vida, no prosperará.

Daniel conocía a Dios, porque invertía tiempo de su vida a diario en oración buscando su rostro. Cuando tuvo que atravesar situaciones extremas, su corazón se mantuvo firme porque sabía que Dios estaba a su lado. Finalmente, la voluntad de Dios se impuso sobre todo plan del enemigo, y Daniel fue promovido a un nuevo lugar de mayor autoridad en el imperio. Todo aquello que el enemigo planificó para mal contra tu vida, Dios lo convierte para bien. Daniel era poseedor de una fe sin igual, y esa es la fe que tenemos los hijos de Dios, la fe que vence al mundo. *"Pues todo hijo de Dios vence a este mundo de maldad, y logramos esa victoria por medio de nuestra fe. ¿Y quién puede ganar esta batalla contra el mundo? Únicamente los que creen que Jesús es el Hijo de Dios."* 1 Juan 5:4-5 ᴺᵀⱽ

Todo fiel y obediente cristiano tiene una medida de fe, pero no todos la ponen en ejercicio. La fe sin obras es muerta. La fe mueve montañas, hace que lo imposible se vuelva posible y mueve lo de Dios para que suceda el milagro en tu vida. Zacarías era uno de los sacerdotes del templo. Tanto él como su esposa eran de edad avanzada, y no podían tener hijos. Un día, mientras Zacarías se encontraba sirviendo a Dios en el templo, se le presenta el Arcángel Gabriel con un mensaje de parte de Dios. *"Cuando Zacarías lo vio, se alarmó y se llenó de temor, pero el ángel le dijo: ¡No tengas miedo, Zacarías! Dios ha oído tu oración. Tu esposa, Elisabeth, te dará un hijo, y lo llamarás Juan."* Lucas 1:12-13 ᴺᵀⱽ

Tal vez piensas que Dios no escucha tus oraciones. Quizás hasta te puedas llegar a olvidar lo que has pedido tiempo atrás, pero Dios no se olvida. Él lo tiene todo presente. A Esta pareja siendo ancianos Dios le concedió su oración. Si activas tu fe, aquello que pidas hoy, a su tiempo lo verás realizado. No hay una sola oración tuya que haya sido desechada.

Todas tus oraciones han sido escuchadas por Dios y a su debido tiempo serán contestadas. Dios responderá tu petición y se va a engrandecer poderosamente en tu vida.

"Zacarías le dijo al ángel: —¿Cómo puedo estar seguro de que ocurrirá esto? Ya soy muy anciano, y mi esposa también es de edad avanzada." Lucas 1:18 ^{NTV} El sacerdote dudó lo que el ángel de Dios le dijo. Inmerso en su propia realidad, puso su foco en sus propias limitaciones en lugar de activar su fe y creerle a Dios. Zacarías decía: "soy viejo ya…" como si Dios llegara tarde, o hubiera algo imposible para Dios. Su esposa a Elizabeth era estéril hasta el momento en que Dios respondió a las oraciones y transformó su imposibilidad en una realidad tangible.

Si te animas a activar tu Fe, Dios borrará tu imposibilidad y cambiará tu historia. Dios está por encima de toda limitación humana. ¡Si Dios está contigo no hay nada imposible!

Lo que Dios ha planeado desde la eternidad para tu vida, va a suceder. Cuando se activa la fe, y se cree en la Palabra de Dios las cosas suceden. Si puedes creer, podrás ver la mano de Dios haciendo el milagro en tu vida. La unción del Espíritu de Dios que había en Elías para abrir y cerrar el cielo estaba sobre Juan, el Espíritu de Dios que activa y hace volver el corazón de los padres a los hijos, y el de los hijos hacia los padres. Es un ministerio de reconciliación. Los cielos están abiertos para los hijos de Dios, habrá lluvia de bendición y no habrá necesidad de ningún bien. Los cielos están abiertos sobre tu cabeza, el nombre de Dios será exaltado y no habrá enemigo que le pueda hacer frente.

¡ACTIVA TU FE! Pide sin dudar, y que sea algo que esté más allá de tus posibilidades. Confiésalo y afírmalo con tus palabras y espera atentamente porque la respuesta a tu oración ya está en camino. *"De hecho, sin fe es imposible agradar a Dios. Todo el que desee acercarse a Dios debe creer que él existe y que él recompensa a los que lo buscan con sinceridad."* Hebreos 11:6 NTV

11
CÓMO FORTALECER LA FE ANTE LA PRUEBA

La fe no es una emoción ni un sentimiento, la verdadera fe es la certeza o seguridad basada en la Palabras de Dios. La fe en Dios experimenta un proceso o desarrollo de crecimiento, pues la fe nace, crece y se alimenta, ella se sostiene por la poderosa Palabra del Señor.

Vemos que Abraham confió en Dios, pues "se le había dicho: en Isaac te será llamada descendencia". Cuando confías en Dios, depositas todo tu corazón en Sus promesas, pues tienes la certeza de que él no te fallará.

Cómo Fortalecer la Fe Ante la Prueba

"Habiéndosele dicho: En Isaac te será llamada descendencia; pensando que Dios es poderoso para levantar aun de entre los muertos, de donde, en sentido figurado, también le volvió a recibir" Hebreos 11:18-19
A la luz de la Escritura podemos ver que el caminar de Abraham, fue por un sendero de fe, establecida en las palabras que el Señor le dio. Abraham depositó su corazón en sus promesas, por ejemplo, Dios le dijo: "Vete de tu tierra y de tu parentela, y de la casa de tu padre, a la tierra que te mostraré. Y haré de ti una nación grande, y te bendeciré, y engrandeceré tu nombre, y serás bendición". Y vemos que cuando el Señor le dijo *"en Isaac se prolongará tu descendencia"*, él creyó y esa fe le dio la victoria ante la difícil prueba que tuvo que enfrentar.

Con frecuencia las emociones y los pensamientos (es

decir el alma) se rebelan contra la fe en el Señor. Aquí es donde debemos someter o rendir todo nuestro ser (espíritu, alma y cuerpo) a la Palabra de Dios. Así como el universo fue constituido por la Palabra del Señor, nosotros nacemos y crecemos por su palabra, somos nutridos y fortalecidos por ella. Por todo esto es necesario volvernos a su Palabra.

¿Qué es la fe? ¿no es la confianza absoluta que depositamos en nuestro Dios?

La Biblia nos enseña que Abraham fue llamado amigo de Dios, la Escritura nos dice que: *"Abraham creyó... y fue llamado amigo de Dios"*. Entonces Abraham conocía a su amigo (YHVH Adonai) confió plenamente en él, "El Señor dueño y amo de todo", al conocerlo y respetarlo, eso le hacía no solo confiar totalmente sino creer que lo que le prometía se cumpliría al pie de la letra, pasar lo que pasara. Confió en las Palabras del Señor aunque mentalmente no comprendía lo que pasaba, pero la fe debe sacrificar la razón o lógica. Su hijo Isaac confió en su padre Abraham, como el Señor Jesús un día confió en el suyo. El Padre le prometió a su Hijo: *"no dejaré tu alma en el Hades y tu cuerpo no verá corrupción"*, y Dios cumplió su palabra, contra toda posibilidad, al tercer día el Padre celestial lo resucitó de entre los muertos.

Podemos confiar completamente en Dios, el Señor no miente, él nunca te fallará. Por muchas razones es que puedes confiar en él; sobre todo porque nunca miente. La fe en Dios logra ver aún más allá de la muerte. *"pensando que Dios es poderoso para levantar aun de* *entre los muertos, de donde, en sentido figurado, también le volvió a recibir".* Este pasaje resalta lo que Abraham pensaba: *"pensando que Dios es poderoso",* aunque seguramente en su mente había más pensamientos, éste predominaba sobre los demás.

La fe o confianza en Dios va más allá de lo natural y pasajero, pues trasciende hasta lo espiritual y eterno. Tal vez Abraham pensaba: **"Isaac puede morir, pero el Señor me dio una promesa... y él puede aún levantarlo de los muertos, porque su poder está por encima de la muerte".**

¡QUE SORPRENDENTE LA FE DE ABRAHAM! ¡Todos deberíamos ejercitarla hasta llegar a esa medida!

La fe nos impulsa a hacer las cosas para Dios, de manera que depositamos todo el corazón sólo en Él, no dejes que tu fe se debilite o se estanque. Que la duda no impida el avance del plan del Señor.

La verdadera fe descansa en el Dios Todopoderoso, la fe simplemente confía, ella te fortalece ante la prueba.

A veces el corazón se desanima, o ciertas áreas en la vida del creyente se adormecen. Otros caen en la fase de la inactividad, pero Dios es todopoderoso para activar el corazón, despertar la esperanza, el Señor puede resucitar lo que ha muerto, o está a punto de morir.

Persevera y continúa avanzando, cree, porque Dios viene con recompensa.

Fortalece Tu Fe Ante la Prueba

Entra en la presencia de Dios, adora, estudia y lee su palabra y entonces tu espíritu se fortalecerá ante la adversidad o prueba. La fe en el Señor nos lleva a obedecer, a avanzar ante los grandes desafíos, nos ayuda a superar la adversidad, nos fortalece para vivir una vida agradable a los ojos de Dios, y es entonces cuando tu vida se convierte en un poderoso instrumento en las manos del Señor.

Él quiere actuar a tu favor, ya lo ha estado haciendo, aunque a veces te cuesta trabajo entenderlo, Dios tiene el dominio de todas las cosas, confía y avanza, Dios quiere mostrar su poder en ti. Entra en Su presencia y fortalece tu fe ante la prueba y veras la mano de Dios a tu favor.

12
FORTALECIENDO LA FE PARA SER
LIBRE DE LA DUDA

¿Qué es Dudar?

Una definición práctica de duda es carecer de confianza, considerar algo improbable. La primera expresión de duda en la Biblia está en Génesis capitulo 3 cuando Satanás tentó a Eva. Dios había dado una orden muy clara sobre el árbol del conocimiento del bien y del mal y había especificado las consecuencias de la desobediencia. Satanás sembró la duda en la mente de Eva cuando le preguntó: *¿Dijo realmente Dios: No comerás de ningún árbol del jardín?.* La serpiente no quería que ella tuviera confianza en el mandato de Dios. Cuando ella afirmó el mandamiento de Dios, incluyendo las consecuencias, Satanás respondió con una frase negativa, que es en realidad una declaración más fuerte que la duda: *No morirás ciertamente.*

La duda es un arma nociva de satanás para hacerte perder la confianza en la Palabra de Dios para que consideres poco probable que vendrá sobre tu vida ningún efecto o consecuencia.

La visita del Ángel al Sumo Sacerdote Zacarías

Cuando el ángel del Señor visitó a Zacarías y le dijo que tendría un hijo tal como lo describe Lucas 1:11-17, dice que dudó de la palabra que se le había dado. La razón por la que dudó, es que él y su esposa eran demasiado viejos para tener hijos. Como respuesta a su duda, el ángel le dijo que se quedaría mudo hasta el día en que se cumpliera la promesa de Dios de acuerdo a lo que describe Lucas 1:18-20. Zacarías dudó del poder de Dios para vencer los obstáculos naturales, muchas personas hoy en día comparten la misma duda.

Cada vez que permites que el razonamiento humano debilite tu fe en Dios, el resultado es la duda que hace presa de ti.

Por muy normales que parecieran tus motivaciones para dudar, recuerda que Dios está más alto que tus pensamientos y más alto que la sabiduría del mundo. Es evidente que sus planes y propósitos son mayores y más sabios que la de los hombres.

La fe es confiar en Dios incluso cuando su plan va en contra de la razón humana.

La Biblia dice que la duda es un destructor de la vida. Santiago 1:5-8 te dice que, cuando pidas sabiduría a Dios, debes de pedirla con fe. Si dudas del poder de Dios para responder a tus peticiones, ¿para qué entonces pedir? Dios dice que si no crees mientras estas pidiendo, no recibirás nada de lo que esperas, porque ella te hace ser inestable. *El que duda es semejante a la onda del mar, que es arrastrada por el viento. Santiago 1:6*

La respuesta para la duda es la fe, y la fe viene por oír la Palabra de Dios. Para que tengas fe en Dios, debes estudiar, escrudiñar y conocer, lo que Él te intenta comunicar por medio de ella. Una vez que logras comprender lo que Dios ha hecho en el pasado, lo que te está prometiendo en el presente, y lo que te prometió en la esperanza gloriosa en el futuro, podrás actuar con fe en vez de dudar.

Tienes otro ejemplo en el discípulo llamado Tomás, este declaró que no creería que el Señor había resucitado a menos que pudiera ver y tocar al propio Jesús. -Esto lo puedes leer en Juan 20:25-29-. Mas cuando vio a Jesús y tocó con sus manos las heridas, fue reprendido: *Porque me has visto, Tomás, creíste; bienaventurados los que no vieron, y creyeron.*

La fe es la certeza de lo que se espera, la convicción de lo que no se ve. Puedes tener confianza incluso en las cosas que no se ven, porque Dios ha demostrado ser fiel, verdadero y capaz.

Dudar, es tener dificultad para decidirse sobre una cosa u otra.

La duda es parte de la naturaleza caída, ella ha impedido a muchos llamados creyentes no llegar al cielo, simplemente por dudar del plan de salvación.

María, cuando llegó a donde estaba Jesús, al verle, se postró a sus pies, diciéndole: Señor; si hubieses estado aquí no habría muerto mi hermano... y algunos de ellos dijeron: no podía este que abrió los ojos al ciego, haber hecho también que Lázaro no muriera? dijo Jesús: quitad la piedra. Jesús le dijo no te he dicho que si crees verás la gloria de Dios? Juan 11:32, 37, 39-40

Viendo muchos de los seguidores de Jesús los milagros hechos por Él no creían. Si embargo después de la resurrección de Lázaro dice la Palabra que en aquel entonces Muchos creyeron en Jesús.

Oremos para que los milagros y las sanidades sean vistos con frecuencia para que los que dudan crean que Él es el Hijo de Dios.

Siempre Existirá La Duda

"Pero algunos dudaban." Siempre será así. Hay quienes encuentran difícil ejercer fe y se colocan del lado de la duda. Los tales se pierden muchas bendiciones de parte de Dios por la dureza de corazón. Cuando la duda se arraiga profundamente da lugar a un espíritu de incredulidad.

La Duda Estaba Profetizada

Jesús la nombra refiriéndose al futuro, porque la fe ahora debe estar más firme, arraigada y acrecentada, porque las pruebas son más fuertes y los ataque contra la mente se han intensificado. Es importante que este tema tan importante lo puedas poner en práctica, y tomártelo en serio. ... *Pero cuando venga el Hijo del Hombre, ¿hallará fe en la tierra? Lucas 18:8* Esto indica que al regresar Cristo la fe verdadera escaseará y será poco convencional.

Duda en la Vida Cristiana

¿Hasta cuándo claudicaréis vosotros entre dos

pensamientos? Si Jehová es Dios, seguidle; y si Baal, id en pos de él. Y el pueblo no respondió palabra. 1 Reyes 18:21

Aquí da la connotación verdadera, se refiere a *"claudicar en dos pensamientos"* eso es realmente lo que significa la palabra dudar, navegar en dos aguas a la vez. La duda nunca te deja llegar a puerto seguro. ¿Alguna vez has luchado con la duda? Si respondes honestamente, lo más seguro es que sí. La duda afecta a las vidas de muchos creyentes. La realidad es que la duda intenta debilitar y menoscabar la fe en tu vida, para hacerte un creyente inestable en tus sentimientos. Eso también te puede incluir a ti, si no tienes una clara situación de los ataques en tu mente. Pero si reconoces que tu fe no es perfecta, esto significa que puedes hacerla crecer y hacerla más efectiva hoy. Piensa que la duda es como la brecha entre tu fe débil y la fe poderosa que Dios quiere que tengas, la fe que logra creer que Dios es Todopoderoso para hacer lo imposible posible. Muchos cristianos dudan de la salvación; otras veces dudan de la bondad de Dios, otros incluso dudan de la divinidad de Cristo, o la confiabilidad y veracidad total de las Escrituras.

Tener dudas constantes es a menudo una indicación de que necesitas una fe más profunda.

Muchos se convierten a una edad temprana, con la expectativa que recibieron a través de sus padres. A medida que crecen, la fe es puesta a prueba por las situaciones difíciles como es la tentación, y los ataques en la mente. Las duras experiencias que batallan contra una débil fe hacen que la semilla de la palabra caiga entre espinos y pronto se ahogue. La persona no podrá llevar el fruto que Dios quiere. *Mas la que cayó en buena tierra, estos son los que con corazón bueno y recto retienen la palabra oída, y dan fruto con perseverancia. Lucas 8:15*

Los problemas deben de venir, para afirmar la fe, por eso cada uno debe de tener su propia experiencia personal con Cristo. Eso te recuerda a la casa que es edificada sobre la roca, aunque vengan ataques y turbulencias, nadie puede vivir con la fe de otro. *Y no solo esto, sino que también nos gloriamos en las tribulaciones, sabiendo que la tribulación produce paciencia; y la paciencia, carácter probado; y el carácter probado, esperanza. Romanos 5:3-4*

La duda si persiste en el corazón, puede llegar a convertirse en amargura de espíritu e incredulidad. Sin embargo, cuando atraviesas por una crisis de fe, no ves las cosas de esta manera.

Una vez que la duda entra e infecta tu vida en un nivel consciente, puedes interpretarlo como incredulidad absoluta.

Simplemente no sabes de qué otra manera procesarlo. Crees que estas en un camino inevitable a la completa incredulidad. ¡No te canses de ayudar a los que dudan! Pero hay que reconocer que el pecado personal absorbe la vitalidad de la fe. La desobediencia a Dios causará un daño significativo. Todos son pecadores, pero algunos pecados causan un daño único en la mente, especialmente si se trata de justificarlos.

En resumen, si hay algo que sabes que debes hacer y no lo estás haciendo, la duda pronto se extenderá y la crisis de fe va a ser difícil de superar.

He descubierto que hay principalmente dos tipos de personas que dudan. Los primeros están caminando lejos de Dios y creen que están encontrando la libertad. Los segundos sienten que están caminando lejos de su fe y están profundamente perturbados por eso. La diferencia con el segundo tipo de gente que duda es que siempre van a Dios, gritando con los brazos extendidos para que les ayude. Felizmente, en la mayoría de los casos, los que dudan vuelven a la fe.

Es posible que siempre, hasta cierto punto, vivas en la región de la duda. Sin embargo, es posible que tu región de la duda esté todavía dentro del país de la fe. Dudar de tu fe no significa que no tienes fe. Judas dice que debemos tener compasión de los que dudan, ya sea que la duda esté en ti mismo o en otros.

El Apóstol Santiago en su primer capítulo quiere enseñarte la importancia de orar con fe, eso debes orar sin dudar. Con su explicación te demuestra, que tu oración dudando, aunque sea un poco te comparas a las ondas del mar que el viento las arrastra de un lado a otro. Eso muestra claramente que el que ora sin fe, no recibe nada del Señor, porque sin fe es imposible agradarlo.

Es importante pedirle al Padre en el Nombre de Jesús creyendo y con insistencia para que la oración sea oída.

Como quiera que se la disfrace la causa real de la duda la realidad es que el que pide dudando, es de doble ánimo, y su alma está dividida entre dos pensamientos. Debes de recordar que los problemas que puedes enfrentar desarrollaran en ti perseverancia, la cual fortalecerá tu carácter y a la vez profundizara tu confianza en Dios y te dará mayor seguridad y tranquilidad acerca del futuro.

No Hables De Dudas

El enemigo querrá echar su sombra entre Cristo y tu alma. Él te tentará al hablar palabras de duda e incredulidad. Que de tu boca salgan siempre palabras sazonadas de fe, habla de la gracia de tu Señor y Salvador, de su amor, su misericordia, y de la belleza de su carácter. Que resulte natural para tus labios dar prioridad a pensamientos preciosos e inspiradores.

«Velad tan fielmente como lo hizo Abraham para que los cuervos o las aves de presa no se posen sobre tus sacrificios u ofrendas a Dios. Hay que cuidar cada pensamiento de duda, de tal modo que no salga a la luz del día por haberlo expresado.

La luz siempre se aleja de las palabras que honran a los poderes de las tinieblas.

La vida de tu Señor resucitado debería manifestarse diariamente en ti.

No Confies en Tus Sentimientos

El gran plan misericordioso consiste desde el principio del tiempo, en que cada alma afligida confíe en el amor de Dios.

Su seguridad en este momento debe ser el centro de tu vida, en una real experiencia con Cristo.

Cuando tu mente está torturada por la duda, se basa en el hecho de que no debes confiar en tus sentimientos sino en el Dios viviente. Todo lo que el Señor te pide es que pongas tu confianza en Él, reconociéndolo como tu fiel Salvador, quien te ama y ha perdonado todos tus errores y equivocaciones.

Fortalece Tu Fe

Los tiempos de apuro y angustia que te esperan requieren una fe capaz de soportar el cansancio, la demora y el desánimo, que no desmayes a pesar de las pruebas más duras. El tiempo de gracia les es concedido a todos a fin de que se preparen para aquel momento. Cuando Cristo sea más despreciado, cuando su Palabra sea más menoscabada, entonces deberás ser más lleno de una ferviente pasión por Él, tu valor y firmeza más inquebrantable.

Es menester permanecer de pie en defensa de la verdad y la justicia cuando la mayoría te abandone, el pelear las batallas del Señor cuando sean pocos, muchos se volverán atrás en el Valle del desaliento. En este tiempo, debes obtener calor de la frialdad de los demás, valor de su cobardía, y lealtad de su traición. Tienes que determinar en tu vida creer y seguir creyendo en todo lo que Dios te ha prometido por medio de su Palabra revelada. *Jesús le dijo: ¿No te he dicho que, si crees, verás la gloria de Dios? Juan 11:40*

Es importante que recuerdes que la palabra central en el Evangelio de Juan es creer.

1. La fe manifiesta comprensión en las Escrituras y abre el camino para la actividad del Espíritu Santo en tu vida.
2. Este es un principio divino, la fe, como el amor, se manifiesta en la obediencia.
3. La fe te acerca cada vez más a Dios, para que recibas aquello que necesitas a diario.

Te invito a que:
- Creas en los milagros que el Señor es poderoso para hacer.
- Que cada día puedas comprender que la gloria de Dios se revela a aquellos que creen incondicionalmente.
- Reconoce que lo que practicas y vives de su Palabra, es lo que traerá siempre bendición para tu vida.
- Ora y espera siempre que solo el poder de su Presencia traerá respuesta y esperanza.
- No dejes de interceder al Padre Celestial por aquellas cosas que necesitas para vivir en fortaleza y victoria plena.

Oro delante de la presencia de Dios, en el nombre de Jesucristo, que, al terminar de leer este libro, **Tu Fe Comience a Hacer Incrementada.**

Maranatha/ Ven Señor Nuestro.